日语完全教程

练习册

第一册

日本语教育教材开发委员会 编著
新东方日语教研组 编译

北京大学出版社
PEKING UNIVERSITY PRESS

著作权合同登记号　图字：01-2012-8757

图书在版编目(CIP)数据

日语完全教程练习册.第一册/日本语教育教材开发委员会编著.—北京：北京大学出版社，2013.1

(应用日本语系列)

ISBN 978-7-301-21605-7

Ⅰ.①日…　Ⅱ.①日…　Ⅲ.①日语－水平考试－习题集　Ⅳ.①H369.6

中国版本图书馆CIP数据核字(2012)第281837号

Copyright ⓒ 西暦年号 by SenmonKyouiku Publishing Co.,Ltd.

中国内の出版・販売権は北京大学出版社が有しており、それについて株式会社専門教育出版は同意した。

经由专门教育出版株式会社同意，本书在中国的出版、销售权归北京大学出版社所有。

书　　　名：	日语完全教程练习册·第一册
著作责任者：	日本语教育教材开发委员会　编著
责 任 编 辑：	兰　婷
标 准 书 号：	ISBN 978-7-301-21605-7
出 版 发 行：	北京大学出版社
地　　　址：	北京市海淀区成府路205号　100871
网　　　址：	http://www.pup.cn　新浪官方微博：@北京大学出版社
电 子 邮 箱：	编辑部 pupwaiwen@pup.cn　总编室 zpup@pup.cn
电　　　话：	邮购部 010-62752015　发行部 010-62750672　编辑部 010-62759634
印 刷 者：	北京鑫海金澳胶印有限公司
经 销 者：	新华书店
	787毫米×1092毫米　16开本　7.25印张　140千字
	2013年1月第1版　2024年9月第12次印刷
定　　　价：	26.00元

未经许可，不得以任何方式复制或抄袭本书之部分或全部内容。

版权所有，侵权必究

举报电话：010-62752024　电子邮箱：fd@pup.cn

目次

使用说明	4
本書の使い方	5
第1課	6
第2課	10
第3課	14
第4課	18
第5課	22
復習テスト（1）	26
第6課	30
第7課	34
第8課	38
第9課	42
第10課	46
復習テスト（2）	50
第11課	54
第12課	58
第13課	62
第14課	66
第15課	70
復習テスト（3）	74
第16課	78
第17課	82
第18課	86
第19課	90
第20課	94
復習テスト（4）	98
答案	102

使用说明

本书为《日语完全教程》第一册教科书的配套练习册。教科书由20课构成，每课的知识点按照句型和例句的顺序排列，课后附有「練習」（练习）栏目，用以确认学习者是否掌握了知识点，以及进行复习。

开发本书的目的在于，对教科书的「練習」栏目进行扩充，进一步夯实学习者对各课知识点的掌握。本书的每课都由「練習1」（练习1）和「練習2」（练习2）两部分构成。两者原则上都主要使用已学的词汇，以变形、填空等方式反复巩固句型，进行会话和口头练习。相比之下，练习2中更偏重于阅读和造句。

此外，本书每5课设置一次4页篇幅的「復習テスト」（复习测试）。测试的对象原则上为复习前面5课的内容，但第10课之后的复习测试不一定拘泥于前5课的内容，而有可能涉及到更早之前的知识点。测试题的每道题都标有分值，满分为100分，可以用来进行小测验。

希望各位能充分应用本书，对《日语完全教程》第一册的学习内容进行全面而深入的强化及巩固。相信本书无论是用来回顾课堂内容，还是当作家庭作业，都是一个极好的选择。

2012年9月

编者

本書の使い方

　本書は「学ぼう！　にほんご　初級1」に準拠した練習問題集です。教科書は全20課構成で、文型・文例を順に学べるように各課ごとに学習項目がひとつのまとまりとして提示されております。そして、これらの学習項目の確認、復習を目的に、各課ごとに「練習」が掲載されております。

　本書は、この教科書の「練習」をさらに発展させ、各課の学習内容の定着をより確かなものにするために特別に開発されたものです。各課とも「練習1」「練習2」で構成されております。いずれも、原則として既習の語彙を用いて文型確認のための変形、穴埋めなどの問題を反復して練習をする会話・口頭練習が中心となっておりますが、「練習2」では、読解や作文などの表記・記述問題なども多くなっております。

　また、5課ごとには、4ページ構成の「復習テスト」が掲載されております。原則として前5課の復習を目的としたテストですが、10課以降の「復習テスト」では必ずしも前5課の内容にこだわらず、それ以前のすべての課の学習項目をも含めて出題しております。問題ごとに配点を付し、100点満点となっておりますので、小テストとしてご利用いただけるように工夫されております。　本書を、「学ぼう！　にほんご　初級1」の学習内容の完全定着のために、各課の確認、復習あるいは宿題教材として十分にご活用いただければ編著者としてこれ以上の喜びはありません。

2012年9月

編著者代表記す

第1課（練習1）

もんだいⅠ カタカナで かきましょう。

れい： 1. 2. 3.

れい：テレビ　1._____　2._____　3._____

もんだいⅡ （　）に アイウエオを かきましょう。

れい：どうぞ　よろしく。　　　　　　　（オ）

1．あなたは　がくせいですか。　　　　（　）
2．それは　なんですか。　　　　　　　（　）
3．ワンさんは　かいしゃいんですか。　（　）
4．あれは　なんの　ざっしですか。　　（　）

　　ア．はい、がくせいです。
　　イ．いいえ、かいしゃいんではありません。
　　ウ．えいがのです。
　　エ．ざっしです。
　　オ．こちらこそ。

もんだいⅢ ひらがなを かきましょう。

れい：A：あのかた（は）　だれですか。
　　　B：キムさんです。

は　の　も　か

1．A：それは　なん（　）　CDですか。
　　B：これは　かんこくご（　）　CDです。
　　A：あれ（　）　かんこくごの　CDですか。
　　B：いいえ、あれ（　）　ちゅうごくごの　CDです。
2．A：これは　あなたの　ほんです（　）。
　　B：いいえ、これは　わたし（　）　では　ありません。

もんだいIV これ　それ　あれ　を　かきましょう。

れい：

れい：A：これは　ほんですか。
　　　B：はい、＿＿それ＿＿は　ほんです。

1.

1. A：それは　ペンですか。
　　B：はい、＿＿＿＿＿は　ペンです。

2.

2. A：これは　ノートですか。
　　B：いいえ、＿＿＿＿＿は　ノートでは
　　　　ありません。ほんです。

3.

3. A：あれは　なんですか。
　　B：＿＿＿＿＿は　ラジオです。

もんだいV どちらが　いいですか。　○を　かきましょう。

れい：A：あれは　｛(なん)・どれ｝ですか。
　　　B：えんぴつです。

1. A：あのかたは　｛どなた・どれ｝ですか。
　　B：やまだせんせいです。

2. A：わたしの　テキストは　これです。
　　　あなたの　テキストは　｛どなた・どれ｝ですか。
　　B：｛あれ・あの｝です。

3. A：しゅみは　｛なん・どれ｝ですか。
　　B：ピアノです。

4. A：おくには　｛どなた・どちら｝ですか。
　　B：ちゅうごくです。

5. A：これは　｛なんの・どなたの｝ざっしですか。
　　B：コンピューターのです。

6. A：そのほんは　｛なんの・だれの｝ですか。
　　B：わたしのです。

第1課（練習2）

もんだいI えを みて こたえましょう。

れい： れい：A：これは とけいですか。
　　　　　　　B：はい、<u>それはとけいです。</u>

1. 　　1．A：それは カメラですか。
　　　　　　　B：はい、_____

2. 　　2．A：これは ほんですか。
　　　　　　　B：いいえ、_____

3. 　　3．A：あれは なんですか。
　　　　　　　B：_____

もんだいII _____に ことばを かきましょう。

れい：A：あのかたは <u>　だれ　</u> ですか。 B： キムさんです。

1．A：おなまえは _____ ですか。　B： ワン　ミンです。
2．A：おくには _____ ですか。　B： ちゅうごくです。
3．A：_____ ですか。　B： 19さいです。
4．A：しゅみは_____ ですか。　B： スポーツです。
5．A：あれは _____ですか。　B： テープレコーダーです。
6．A：これは _____ ＣＤですか。 B：えいごのＣＤです。

もんだいⅢ ぶんを かきましょう。

れい：ワン・がくせい → A：ワンさんは　がくせいですか。
　　　　　　　　　　　　B：はい、がくせいです。
　　　　　　　　　　　　　　いいえ、がくせいではありません。

1. スタット・かいしゃいん → A：＿＿＿＿＿＿＿＿＿＿＿＿＿＿＿＿
　　　　　　　　　　　　　　B：はい、＿＿＿＿＿＿＿＿＿＿＿＿＿
2. ビル・タイじん　　　 → A：＿＿＿＿＿＿＿＿＿＿＿＿＿＿＿＿
　　　　　　　　　　　　　　B：いいえ、＿＿＿＿＿＿＿＿＿＿＿＿
3. みちこ・16さい　　 → A：＿＿＿＿＿＿＿＿＿＿＿＿＿＿＿＿
　　　　　　　　　　　　　　B：いいえ、＿＿＿＿＿＿＿＿＿＿＿＿

もんだいⅣ ぶんを かきましょう。

れい：A：それは　なんですか。
　　　B：（これ／しんぶん／です／は）
　　　　　これは　しんぶんです。

1. A：あなたは　かいしゃいんですか。
　　B：（ありません／かいしゃいん／では／わたしは）
　　　　いいえ、＿＿＿＿＿＿＿＿＿＿＿＿＿＿＿＿＿＿＿＿

2. A：これは　おちゃですか、　ジュースですか。
　　B：（おちゃ／は／それ／です）
　　　　＿＿＿＿＿＿＿＿＿＿＿＿＿＿＿＿＿＿＿＿＿＿＿＿

3. A：（なん／の／ですか／テキスト）
　　　　これは＿＿＿＿＿＿＿＿＿＿＿＿＿＿＿＿＿＿＿＿＿＿
　　B：これは　かんじの　テキストです。

4. A：（けしゴム／その／だれ／か／です／は／の）
　　　　＿＿＿＿＿＿＿＿＿＿＿＿＿＿＿＿＿＿＿＿＿＿＿＿
　　B：このけしゴムは　リーさんのです。

5. A：（どれ／ワンさん／です／の／かばん／は／か）
　　　　＿＿＿＿＿＿＿＿＿＿＿＿＿＿＿＿＿＿＿＿＿＿＿＿
　　B：ワンさんの　かばんは　これです。

第1課

第2課（練習1）

もんだいⅠ どちらが いいですか。 ○を かきましょう。

れい：

れい： A：{ここ・どこ} は としょかんですか。
　　　 B：はい、そうです。
　　　　　ここは としょかんです。

1

1． A：{ここ・あそこ} は デパートですか。
　　 B：いいえ、デパートではありません。

2

2． A：レストランは どこですか。
　　 B：レストランは {ここ・そこ} です。

3

3． A：がっこうは どこですか。
　　 B：がっこうは {そこ・あそこ} です。

4

4． A：かいしゃは {ここ・どこ} ですか。
　　 B：かいしゃは そこです。

5

5． A：{そちら・どちら} は
　　　 たなかさんの うちですか。
　　 B：いいえ、たなかさんの
　　　 うちではありません。

6

6． A：ぎんこうは どちらですか。
　　 B：{そちら・こちら} です。

7

7． A：スーパーは そちら ですか。
　　 B：はい、{こちら・そちら} です。

もんだいⅡ すうじを ひらがなで かきましょう。

(れい)　1＿＿＿いち＿＿＿

(1)　8 ＿＿＿＿＿＿　(2)　5 ＿＿＿＿＿＿
(3)　6 ＿＿＿＿＿＿　(4)　20 ＿＿＿＿＿＿
(5)　17 ＿＿＿＿＿＿　(6)　100 ＿＿＿＿＿＿
(7)　340 ＿＿＿＿＿＿　(8)　609 ＿＿＿＿＿＿
(9)　883 ＿＿＿＿＿＿　(10)　492 ＿＿＿＿＿＿

もんだいⅢ ことばを かきましょう。

これ			どれ
	そこ		
		あの	
こちら			

もんだいⅣ ひらがなを かきましょう。

れい：きゃく　：すみません。とけい（ の ）うりばは どこですか。
　　　てんいん：6かいで ございます。

　　　きゃく　：これは どこ（　　）とけいですか。
　　　てんいん：フランスの とけいです。
　　　きゃく　：それ（　　）フランス（　　）とけいですか。
　　　てんいん：いいえ、これは フランス（　　）ではありません。
　　　　　　　　にほん（　　）です。
　　　きゃく　：では、それ（　　）ください。

| も | の | を |

第2課（練習2）

もんだいI どちらが いいですか。 ○を かきましょう。

れい： A：これは ｛ ⓝなん・だれ ｝ですか。
　　　　B：ボールペンです。

1. A：いまいさんの かいしゃは ｛ どちら・どちらの ｝ですか。
　　B：ジャパンでんきです。

2. A：この パソコンは ｛ どちら・いくら ｝ですか。
　　B：38,000えんです。

3. A：あれは ｛ どこ・どこの ｝かばんですか。
　　B：イタリアの かばんです。

4. A：すみません、くつの うりばは ｛ どちら・どちらの ｝ですか。
　　B：4かいで ございます。

5. A：その ざっしは ｛ なんの・だれの ｝ですか。
　　B：キムさんのです。

6. A：この とけいは ｛ どこ・どこの ｝ですか。
　　B：にほんのです。

7. A：あなたの にほんごがっこうは ｛ どちら・どちらの ｝ですか。
　　B：いけぶくろです。

8. A：あの ひとは ｛ なん・だれ ｝ですか。
　　B：こばやしさんです。

9. A：｛ おいくつ・おいくら ｝ですか。
　　B：21さいです。

10. A：かいだんは ｛ どちら・どちらの ｝ですか。
　　B：あそこです。

もんだいⅡ　えを　みて　こたえましょう。

れい：A：トイレは　どこですか。
　　　B：トイレは　ここです。
　　　A：ああ、そこですか。

トイレは　どこですか。___a___

―――――――――――――――――――

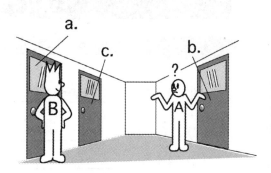

おの　　　：この　かばんは　だれの　かばんですか。
なかむら：それは　なかたさんの　かばんです。
おの　　　：あの　ぼうしも　なかたさんの　ですか。
なかむら：はい、あの　ぼうしも　なかたさんの　です。
おの　　　：それは　なかたさんの　ほんですか。
なかむら：いいえ、これは　わたしの　です。

1．かばんは　どれですか。_____

2．ぼうしは　どれですか。_____

3．ほんは　どれですか。　_____

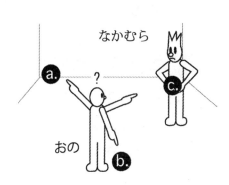

もんだいⅢ　ぶんを　かきましょう。

1．あなたの　がっこうは　どこですか。
_____

2．きょうしつは　なんがい　ですか。
_____

第3課（練習1）

もんだいⅠ　時間を　ひらがなで　書きましょう。

(例) 12：12　じゅうにじ じゅうにふん です。

(1) 10：20 ＿＿＿＿＿＿＿＿＿＿＿＿＿＿＿＿＿＿＿＿
(2) 4：54 ＿＿＿＿＿＿＿＿＿＿＿＿＿＿＿＿＿＿＿＿
(3) 1：01 ＿＿＿＿＿＿＿＿＿＿＿＿＿＿＿＿＿＿＿＿
(4) 7：07 ＿＿＿＿＿＿＿＿＿＿＿＿＿＿＿＿＿＿＿＿
(5) 9：29 ＿＿＿＿＿＿＿＿＿＿＿＿＿＿＿＿＿＿＿＿
(6) 3：33 ＿＿＿＿＿＿＿＿＿＿＿＿＿＿＿＿＿＿＿＿
(7) 5：45 ＿＿＿＿＿＿＿＿＿＿＿＿＿＿＿＿＿＿＿＿
(8) 6：58 ＿＿＿＿＿＿＿＿＿＿＿＿＿＿＿＿＿＿＿＿
(9) 8：16 ＿＿＿＿＿＿＿＿＿＿＿＿＿＿＿＿＿＿＿＿

もんだいⅡ　どれが　いいですか。　線を　書きましょう。

例：きょう　――――――　月曜日

あさって　・　　・火曜日
きのう　　・　　・水曜日
あした　　・　　・日曜日
おととい　・　　・土曜日

もんだいⅢ　ことばを　書きましょう。

あそびます			あそびませんでした
		やすみました	
	ねません		
			べんきょう しませんでした

もんだいIV 文を 書きましょう。

例：今朝9時・起きます
　　A：今朝　9時に　起きましたか。
　　B：はい、　起きました。／いいえ、　起きませんでした。

1. 毎朝・勉強します
　　A：_____
　　B：はい、_____

2. きのう・12時・寝ます
　　A：_____
　　B：はい、_____

3. おととい・遊びます
　　A：_____
　　B：いいえ、_____

4. あした・9時〜5時・はたらきます
　　A：_____
　　B：いいえ、_____

もんだいV 時間を ひらがなで 書きましょう。

	時		分
1	いちじ	1	いっぷん
2		2	
3		3	
4		4	
5		5	
6		6	
7		7	
8		8	
9		9	
10		10	
11		15	
12		45	
?	なんじ	?	

第3課

第3課（練習2）

もんだいⅠ ひらがな か ×を 書きましょう。

例：朝（×）6時（に）起きます。

1. 学校は 毎朝（　　）9時（　　）始まります。
2. わたしの 学校は 午前9時（　　）午後1時（　　）です。
3. A：何曜日（　　）休みますか。
   B：土曜日（　　）日曜日に 休みます。
4. A：毎晩（　　）何時（　　）寝ますか。
   B：9時（　　）寝ます。
5. A：銀行は 何時（　　）終わりますか。
   B：3時（　　）終わります。

```
に　　から　　まで　　×　　と
```

もんだいⅡ （　）に アイウエオ を 書きましょう。

例：今、何時ですか。　　　　　　　　　（ア）
1. あした、働きますか。　　　　　　　　（　）
2. 何曜日に 休みますか。　　　　　　　（　）
3. きのう、働きましたか。　　　　　　　（　）
4. 郵便局は 何時まで ですか。　　　　（　）
5. 何時から 何時まで 働きましたか。　（　）

```
ア．8時です。　　　イ．午前8時から 午後5時まで 働きました。
ウ．いいえ、働きません。　　エ．夕方 5時まで です。
オ．いいえ、働きませんでした。　カ．土曜日と 日曜日に 休みます。
```

もんだいⅢ キムさんの予定表を 見て 答えましょう。

キムさんの予定表

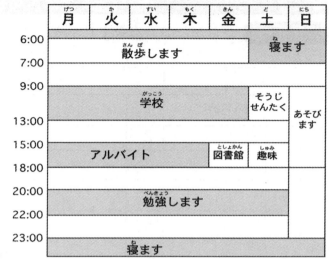

きょうは 日曜日です。

例：きのう 7時に 起きましたか。
　　はい、7時に 起きました。

1. 毎朝 学校は 何時から 何時までですか。
　_____

2. アルバイトは 何曜日から 何曜日までですか。
　_____

3. きょう 何時から 何時まで 遊びますか。
　_____

4. きょう そうじ しますか。
　_____

5. きのう 何時に 寝ましたか。
　_____

もんだいⅣ 文を 書きましょう。

1. 今朝、あなたは 何時に 起きましたか。
　_____

2. ゆうべ、あなたは 何時に 寝ましたか。
　_____

3. 今日は 何曜日ですか。
　_____

第4課（練習1）

もんだいI ひらがなで 書きましょう。

	月		日		
1	いちがつ	1		14	
2		2		17	
3		3		18	
4		4		19	
5		5		20	
6		6		21	
7		7		24	
8		8		25	
9		9		28	
10		10		29	
11		11	じゅういちにち	30	
12		12		31	
?	なんがつ	13		?	

もんだいII 文を 書きましょう。

例：行きます（スーパー）　A：<u>スーパーへ　行きますか。</u>
　　　　　　　　　　　　B：<u>はい、行きます。／いいえ、行きません。</u>

1. 行きます（えき）
   A：_____
   B：いいえ、_____

2. 来ます（ここ）
   A：_____
   B：いいえ、_____

3. 帰ります（国）
   A：_____
   B：はい、_____

もんだいⅢ 文を 書きましょう。

例：わたしは デパートへ 行きます。（電車）
　　わたしは 電車で デパートへ 行きます。
　　わたしは デパートへ 行きます。（友だち）
　　わたしは ともだちと デパートへ 行きます。

1. ワンさんは 中国へ 帰ります。（飛行機）
　　　

2. パクさんは 毎朝 大学へ 行きます。（バス）
　　　

3. わたしは スーパーへ 行きました。（あるいて）
　　　

4. カルロスさんは ブラジルへ 帰ります。（おにいさん）
　　　

5. 山田先生は わたしの うちへ 来ました。（リーさん）
　　　

もんだいⅣ ことばを 書きましょう。

例：A：あなたは （ だれ ）と 日本へ 来ましたか。
　　B：友だちと 来ました。

1. A：（　　）国へ 帰りますか。
　　B：来年 帰ります。

2. A：キムさんは （　　）と ここへ 来ますか。
　　B：おねえさんと 来ます。

3. A：（　　）で スーパーへ 行きますか。
　　B：自転車で 行きます。

4. A：日曜日 （　　）へ 行きますか。
　　B：デパートへ 行きます。

だれ　いつ　どこ　なに

第4課

第4課（練習2）

もんだいI ひらがな か ×を 書きましょう。

例：ワンさんは きのう（ × ） 電車（ で ） 大学（ へ ） 行きました。

1. キムさんは 来月（　　） パクさん（　　） 韓国（　　） 帰ります。

2. わたし（　　） 3時に 友だち（　　） 図書館（　　） 行きます。

3. 妹は 去年（　　） 飛行機（　　） 日本（　　） 来ました。

4. A：スタットさんは 毎日（　　） なに（　　） うち（　　） 帰りますか。
　 B：自転車（　　） 帰ります。

5. A：あなたは だれ（　　） 日本（　　） 来ましたか。
　 B：母（　　） 来ました。

6. A：あなたは いつ（　　） アメリカ（　　） 行きますか。
　 B：来年（　　） 行きます。

7. A：あなたは だれ（　　） 銀行（　　） 行きましたか。
　 B：ひとり（　　） 行きました。

```
　　で　へ　×　は　と
```

もんだいII ＿＿＿に ことばを 書きましょう。

例：（お父さん・4/4）　__ちち__の誕生日は __しがつよっか__ です。

1. （お母さん・12/7）＿＿＿＿の誕生日は ＿＿＿＿＿＿＿＿です。
2. （お兄さん・11/1）＿＿＿＿の誕生日は ＿＿＿＿＿＿＿＿です。
3. （弟さん・8/20）＿＿＿＿の誕生日は ＿＿＿＿＿＿＿＿です。
4. （妹さん・7/8）＿＿＿＿の誕生日は ＿＿＿＿＿＿＿＿です。

もんだいⅢ 文を 書きましょう。

例:中国・帰ります（先月）
　A：いつ　中国へ　帰りましたか。
　B：先月　帰りました。

1. 韓国・帰ります（来週）
　A：_____
　B：_____

2. タイ・行きます（先週）
　A：_____
　B：_____

3. 日本・来ます（去年）
　A：_____
　B：_____

もんだいⅣ 文を 書きましょう。

1. あなたの　誕生日は　何月何日ですか。
　_____

2. いつ　日本へ　来ましたか。
　_____

3. だれと　日本へ　来ましたか。
　_____

4. 毎日　何で　学校へ　来ますか。
　_____

5. きのう　何時に　うちへ　帰りましたか。
　_____

第4課

第5課（練習1）

もんだいⅠ 文を 書きましょう。

例：食べます（パン）
　　A：　パンを 食べますか。
　　B：はい、食べます。／いいえ、食べません。

1. 読みます（雑誌）
　　A：＿＿＿＿＿＿＿＿＿＿＿＿＿＿＿＿＿＿＿
　　B：はい、＿＿＿＿＿＿＿＿＿＿＿＿＿＿＿＿
2. します（テニス）
　　A：＿＿＿＿＿＿＿＿＿＿＿＿＿＿＿＿＿＿＿
　　B：いいえ、＿＿＿＿＿＿＿＿＿＿＿＿＿＿＿
3. 書きます（レポート）
　　A：＿＿＿＿＿＿＿＿＿＿＿＿＿＿＿＿＿＿＿
　　B：はい、＿＿＿＿＿＿＿＿＿＿＿＿＿＿＿＿
4. 買います（本）
　　A：＿＿＿＿＿＿＿＿＿＿＿＿＿＿＿＿＿＿＿
　　B：いいえ、＿＿＿＿＿＿＿＿＿＿＿＿＿＿＿

もんだいⅡ （ ）と ＿＿＿に ことばを 書きましょう。

例：A：いっしょに コーヒー（を） 飲みませんか。
　　B：ええ、飲みましょう。

1. A：いっしょに 宿題（　　）＿＿＿＿＿＿＿＿
　　B：ええ、＿＿＿＿＿＿＿。
2. A：いっしょに ホラー映画（　　）＿＿＿＿＿
　　B：ええ、＿＿＿＿＿＿＿。
3. A：いっしょに ケーキ（　　）＿＿＿＿＿＿＿
　　B：ええ、＿＿＿＿＿＿＿。
4. A：いっしょに 音楽（　　）＿＿＿＿＿＿＿＿
　　B：ええ、＿＿＿＿＿＿＿。

　　　　飲みます　聞きます　します　見ます　食べます

もんだいIII 絵を 見て 答えましょう。

例：A：今晩　何をしますか。
　　B：電話をかけます。

1. A：今晩＿＿＿＿＿＿＿＿＿＿＿＿
　 B：＿＿＿＿＿＿＿＿＿＿＿＿＿＿

2. A：おとといい＿＿＿＿＿＿＿＿＿＿
　 B：＿＿＿＿＿＿＿＿＿＿＿＿＿＿

3. A：ゆうべ＿＿＿＿＿＿＿＿＿＿＿＿
　 B：＿＿＿＿＿＿＿＿＿＿＿＿＿＿

4. A：あしたの夜＿＿＿＿＿＿＿＿＿
　 B：＿＿＿＿＿＿＿＿＿＿＿＿＿＿

第5課

もんだいIV ＿＿＿に ことばを 書きましょう。

例：＿ペン＿で レポートを 書きます。

1. ＿＿＿＿＿＿で ごはんを 食べます。
2. ＿＿＿＿＿＿で かみを きります。
3. ＿＿＿＿＿＿で 本を 読みます。
4. ＿＿＿＿＿＿で やさいを 買います。
5. ＿＿＿＿＿＿で コンピューターを 勉強します。

| ペン | はさみ | 学校 |
| スーパー | はし | 図書館 |

第5課（練習2）

もんだいⅠ ひらがな か ×を 書きましょう。

例: きのう（ × ） どこ（ で ） 宿題（ を ） しましたか。

1. いつも（　） フォーク（　） ケーキ（　） 食べます。
2. きのう（　） キムさん（　） 映画（　） 見ました。
3. あした（　） どこ（　） だれ（　） ご飯（　） 食べますか。
4. ゆうべ（　） 何（　） 帰りましたか。

```
   で    ×    と    を
```

もんだいⅡ どちらが いいですか。 ○を 書きましょう。

例: A：いっしょに 料理を
　　　｛ ⊂作りませんか⊃・作ります・作りました ｝。
　　B：ええ、いいですね。 いっしょに
　　　｛ 作りません・⊂作りましょう⊃・作りました ｝。

1. A：あした ゴルフを ｛ します・しませんか・しました ｝。
　　B：ええ、いいですね。｛ しました・しません・しましょう ｝。
2. A：映画を ｛ 見ます・見ました・見ませんか ｝。
　　B：すみません、 映画は ｛ ちょっと…・見ます・見ましょう ｝。
3. A：いっしょに 英語を
　　　｛勉強しませんか・勉強しました・勉強しないです｝。
　　B：｛いいですね。しません・すみません、勉強しましょう。
　　　　いいですね。しましょう｝。

もんだいⅢ 文を 書きましょう。

例:その本・読みます→A:もう その本を 読みましたか。
　　　　　　　　　　　B:はい、もう 読みました。
　　　　　　　　　　　　／いいえ、まだです。

1. あの服・買います→　A:＿＿＿＿＿＿＿＿＿＿＿＿＿
　　　　　　　　　　　B:はい、＿＿＿＿＿＿＿＿＿＿

2. 食事・します　→　　A:＿＿＿＿＿＿＿＿＿＿＿＿＿
　　　　　　　　　　　B:いいえ、＿＿＿＿＿＿＿＿＿

3. あのビデオ・見ます→A:＿＿＿＿＿＿＿＿＿＿＿＿＿
　　　　　　　　　　　B:はい、＿＿＿＿＿＿＿＿＿＿

4. 刺身・食べます→　　A:＿＿＿＿＿＿＿＿＿＿＿＿＿
　　　　　　　　　　　B:いいえ、＿＿＿＿＿＿＿＿＿

5. しゅくだい・します→A:＿＿＿＿＿＿＿＿＿＿＿＿＿
　　　　　　　　　　　B:いいえ、＿＿＿＿＿＿＿＿＿

6. 話・聞きます　→　　A:＿＿＿＿＿＿＿＿＿＿＿＿＿
　　　　　　　　　　　B:はい、＿＿＿＿＿＿＿＿＿＿

もんだいⅣ 文を 書きましょう。

1. あなたは きのう 何を しましたか。
　＿＿＿＿＿＿＿＿＿＿＿＿＿＿＿＿＿＿＿

2. 今度の日曜日 何を しますか。
　＿＿＿＿＿＿＿＿＿＿＿＿＿＿＿＿＿＿＿

3. もう 日本料理を 食べましたか。
　＿＿＿＿＿＿＿＿＿＿＿＿＿＿＿＿＿＿＿

4. 映画を 見ますか。何の 映画ですか。
　＿＿＿＿＿＿＿＿＿＿＿＿＿＿＿＿＿＿＿

第5課

復習テスト（1）

得点　　／100

I ひらがなを 書きましょう。　　　　　　　　　（2点）

例：わたし（ の ）名前（ は ）ワンです。

1. キムさんは ワンさん（　）遊びました。
2. 去年 バンコク（　）行きました。
3. 日本料理は はし（　）食べます。
4. 日本のお酒は 米と 水（　）作ります。
5. きのう お城の 写真（　）とりました。
6. すみません、トイレ（　）どこですか。
7. A：これは 日本語（　）電子辞書です（　）。
   B：はい、そうです。
   A：どこ（　）ですか。
   B：ジャパン電気（　）です。

　　　　　の　は　へ　を　と　で　か

II どれが いいですか。○を 書きましょう。　（3点）

例：1月1日は 休みです。
　　{ いちがついちにち・いちがついつにち・(いちがつついたち) }

1. あしたは 4月20日です。
   { しがつにじゅうにち・よんがつはつか・しがつはつか }
2. 電車の 時間は 9時26分です。
   { きゅうじにじゅうろっぷん・くじにじゅうろっぷん
   　　　　　　　　　　　　・くじにじゅうろくふん }
3. 試合は 10時半から 12時まで です。
   { じゅうじはん・じゅじはん・じょうじはん }
4. お会計は 1805円 です。
   { せんはちぴゃくごえん・せんはっぴゃくごえん
   　　　　　　　　　　　・せんはっぴゃくごねん }

Ⅲ どちらが いいですか。　絵を 見て ○を 書きましょう。
　　　　　　　　　　　　　　　　　　　　　　　（2点）

例：A：{ これ・それ } は あなたの めがねですか。
　　B：はい、{ これ・それ } は わたしのです。

1　A：{ この・その } 本は あなたのですか。
　　B：はい { この・その } 本は わたしのです。

2　A：{ この・その } えんぴつも あなたのですか。
　　B：はい { これ・それ } も わたしのです。

3　A：チェンさんの カメラは { どこ・ここ } ですか。
　　B：チェンさんの カメラは { あそこ・ここ } です。

4　B：{ これ・それ } は だれの かばんですか。
　　A：{ この・その } かばんは わたしのです。

5　B：{ それ・あれ } はあなたの ノートですか。
　　A：いいえ、{ これ・それ } は わたしのではありません。

Ⅳ どれが いいですか。 線を 書きましょう。　　　（3点）

例：お国は どちらですか。　――――――　シンガポールです。

1. おいくつですか。　　　　　　　・　　　　・スタットさんです。
2. あの方は どなたですか。　　　・　　　　・5月29日です。
3. 誕生日は いつですか。　　　　・　　　　・ジャパン電気です。
4. きのう 何を しましたか。　　・　　　　・18さいです。
5. 会社は どちらですか。　　　　・　　　　・CDを買いました。

Ⅴ 文を 書きましょう。　　　（3点）

例：（わたし・先月・日本・来ます）
　　わたしは 先月 日本へ 来ました。

1. （ワンさん・先週・新宿・行きます）
   _____

2. （トムさん・きのう・夜11時・朝8時・寝ます）
   _____

3. （わたし・あした・中山さん・サッカー・します）
   _____

4. （ポールさん・毎朝・6時・起きます）
   _____

5. （わたし・来月・杉山さん・いっしょ・新宿公園・テニス・します）
   _____

6. （わたし・おととい・先生・地下鉄・東京タワー・行きます）
   _____

Ⅵ 文を 書きましょう。　　　　　　　　　　　　（3点）

例：A：これは あなたの ペンですか。
　　B：いいえ、　わたしの ペンでは ありません。

1．A：きのう 原宿で ワンさんを 見ましたか。
　　B：はい、＿＿＿＿＿＿＿＿＿＿＿＿＿＿＿＿＿

2．A：あなたは 来週 国へ 帰りますか。
　　B：いいえ、＿＿＿＿＿＿＿＿＿＿＿＿＿＿＿＿

3．A：このパソコンは ＿＿＿＿＿＿＿＿＿＿＿＿
　　B：ビッグ電気で 買いました。

4．A：いっしょに お昼を ＿＿＿＿＿＿＿＿＿＿＿
　　B：ええ、食べましょう。

5．A：おととい 授業は 12時に 終わりましたか。
　　B：いいえ、＿＿＿＿＿＿＿＿＿＿＿＿＿＿＿＿

第6課（練習1）

もんだいⅠ 文を 書きましょう。

例：このパン・おいしい
　　A：この　パンは　おいしいですか。
　　B：はい、　おいしいです。／いいえ、　おいしくないです。

1. その本・おもしろい
　　A：＿＿＿＿＿＿＿＿＿＿＿＿＿＿＿＿＿＿＿
　　B：はい、＿＿＿＿＿＿＿＿＿＿＿＿＿＿＿＿

2. ワンさん・親切
　　A：＿＿＿＿＿＿＿＿＿＿＿＿＿＿＿＿＿＿＿
　　B：はい、＿＿＿＿＿＿＿＿＿＿＿＿＿＿＿＿

3. ゆうべの映画・いい
　　A：＿＿＿＿＿＿＿＿＿＿＿＿＿＿＿＿＿＿＿
　　B：いいえ、＿＿＿＿＿＿＿＿＿＿＿＿＿＿

4. 昨日・キムさん・ひま
　　A：＿＿＿＿＿＿＿＿＿＿＿＿＿＿＿＿＿＿＿
　　B：いいえ、＿＿＿＿＿＿＿＿＿＿＿＿＿＿

もんだいⅡ ＿＿＿に　ことばを　書きましょう。

例：A：ビルさんの帽子は＿＿どれ＿＿ですか。
　　B：赤いのです。

1. A：スタットさんは＿＿＿＿＿＿人ですか。
　　B：やさしい人です。

2. A：日本の料理は＿＿＿＿＿＿ですか。
　　B：おいしいです。

3. A：横浜は＿＿＿＿＿＿町ですか。
　　B：有名な町です。

4. A：リーさんのノートは＿＿＿＿＿＿ですか。
　　B：青いのです。

もんだいⅢ 文を 書きましょう。

例：あのビル・このビル・高い　　あのビルは このビルより 高いです。
1. 新幹線・電車・速い　_____
2. デパート・スーパー・大きい　_____
3. MD・CD・小さい　_____

もんだいⅣ 文を 書きましょう。

例：おいしい・簡単

パスタは　　おいしいです。そして　簡単です。

1. かわいい・頭がいい

　キムさんは _____

2. やさしい・まじめ

　あの人は _____

3. 大きい・きれい

　このホテルは _____

4. 近い・安い

　このスーパーは _____

もんだいⅤ 文を 書きましょう。

例：せまい・明るい

この部屋は　　せまいですが、明るいです。

1. 難しい・おもしろい

　パソコンは _____

2. 不便・安い

　あのアパートは _____

3. きれい・せまい

　会社の食堂は _____

4. 便利・高い

　携帯電話は _____

第6課

第6課（練習2）

もんだいI ひらがな か ×を 書きましょう。

例：中国（ は ） 日本（ より ） 広いです。

1. 漢字（　　） 難しいです（　　）、とても おもしろいです。
2. この店（　　） あの店（　　） 安いです（・）、
　　　　　　　　　　　　　　　　　　　おいしくないです。
3. A：東京（　　） どう ですか。
　 B：とても 便利です。
4. ビルさん（　　） 携帯電話（　　） どれ ですか。
5. スタットさん（　　） 会社（　　） とても 大きいです。
　　　　　　　　　　　　　　　　そして いそがしいです。

```
は　　より　　×　　が　　の
```

もんだいII どちらが いいですか。 ○を 書きましょう。

例： A：この歌手は、ハンサムですか。
　　 B：はい、｛ とても ・あまり ｝ ハンサムです。

1. A：きょうは、忙しいですか。
　 B：はい、｛ 少し・ぜんぜん ｝ 忙しいです。
2. A：あなたの 会社は 遠いですか。
　 B：いいえ、｛ 少し・ぜんぜん ｝ 遠くないです。
3. A：テストは 難しかったですか。
　 B：いいえ、｛ あまり・少し ｝ 難しくなかったです。
4. A：パーティーは にぎやかでしたか。
　 B：はい、｛ ぜんぜん・とても ｝ にぎやかでした。
5. A：あの店の ケーキは どう でしたか。
　 B：はい、｛ あまり・とても ｝ おいしかったです。

もんだいIII 文を 書きましょう。

例：これは どんな 問題ですか。　（むずかしいです）
→ <u>これは むずかしい 問題です。</u>

1. あれは どんな 映画ですか。　（おもしろい）
   → _____

2. カルロスさんは どんな 人ですか。　（元気です）
   → _____

3. 京都は どんな 町ですか。　（ふるいです）
   → _____

4. ジャパン電気は どんな 会社ですか。　（有名です）
   → _____

もんだいIV 例を 見て 書きましょう。

例：きのうの パーティーは とても （ おもしろかったです ）。

1. きのう パソコンを 買いました。とても （　　　　　　　）。
2. カナダの なつは 日本より すこし （　　　　　　　）。
3. その映画は 日本で ぜんぜん （　　　　　　　）。
4. わたしの アパートは あまり （　　　　　　　）。

```
おもしろいです　　すずしいです　　静かです
有名です　　高いです
```

もんだいV 文を 書きましょう。

1. きのうの 天気は どう でしたか。

   _____

2. 日本の 夏は 暑いです。あなたの 国は どう ですか。

   _____

第6課

第7課（練習1）

もんだいI 文を 書きましょう。

例：好きです（みかん）　A：あなたはみかんが好きですか。
　　　　　　　　　　　　B：はい、好きです。
　　　　　　　　　　　　　／いいえ、好きではありません。

1. 好きです（野菜）　A：あなたは＿＿＿＿＿＿＿＿＿＿＿＿＿＿
　　　　　　　　　　B：はい、＿＿＿＿＿＿＿＿＿＿＿＿＿＿＿
2. 嫌いです（肉）　　A：あなたは＿＿＿＿＿＿＿＿＿＿＿＿＿＿
　　　　　　　　　　B：いいえ、＿＿＿＿＿＿＿＿＿＿＿＿＿＿
3. 上手です（歌）　　A：ワンさんは＿＿＿＿＿＿＿＿＿＿＿＿＿
　　　　　　　　　　B：はい、＿＿＿＿＿＿＿＿＿＿＿＿＿＿＿
4. 上手です（水泳）　A：キムさんは＿＿＿＿＿＿＿＿＿＿＿＿＿
　　　　　　　　　　B：いいえ、＿＿＿＿＿＿＿＿＿＿＿＿＿＿

もんだいII 文を 書きましょう。

例：（バナナ・ぶどう・好きです）
　　A：バナナと　ぶどうと　どちらが　好きですか。
　　B：バナナ　のほうが　好きです。

1. （赤い服・青い服・好きです）
　　A：＿＿＿＿＿＿＿＿＿＿＿＿＿＿＿＿＿＿＿＿＿＿＿＿
　　B：青い服＿＿＿＿＿＿＿＿＿＿＿＿＿＿＿＿＿＿＿＿＿
2. （今月・来月・ひまです）
　　A：＿＿＿＿＿＿＿＿＿＿＿＿＿＿＿＿＿＿＿＿＿＿＿＿
　　B：今月＿＿＿＿＿＿＿＿＿＿＿＿＿＿＿＿＿＿＿＿＿＿
3. （この箱・あの箱・重いです）
　　A：＿＿＿＿＿＿＿＿＿＿＿＿＿＿＿＿＿＿＿＿＿＿＿＿
　　B：あの箱＿＿＿＿＿＿＿＿＿＿＿＿＿＿＿＿＿＿＿＿＿

もんだい Ⅲ 文を 書きましょう。

例：A：スポーツの中で ＿＿なにが＿＿ 一番好きですか。
　　B：サッカーが 一番好きです。

1. A：野菜の中で ＿＿＿＿＿＿ 一番 嫌いですか。
　　B：にんじん＿＿＿＿＿＿＿＿＿＿＿＿＿＿＿＿＿＿
2. A：日本語で ＿＿＿＿＿＿ 一番 難しいですか。
　　B：漢字＿＿＿＿＿＿＿＿＿＿＿＿＿＿＿＿＿＿＿＿
3. A：スポーツで ＿＿＿＿＿＿ 一番 上手ですか。
　　B：ピンポン＿＿＿＿＿＿＿＿＿＿＿＿＿＿＿＿＿＿

もんだい Ⅳ どちらが いいですか。 ○を 書きましょう。

例：日本料理の中で 何が 一番 好きですか。
　　{ ㊀みそ汁が 一番 好きです㊀ ／ すしのほうが 好きです。 }

1. 水泳と マラソンと どちらが 楽しいですか。
　　{ 水泳のほうが 楽しいです。 ／ マラソンが 一番 楽しいです。 }
2. 夏と 冬と どちらが 好きですか。
　　{ 夏のほうが 好きです。 ／ 夏が 一番 好きです。 }
3. クラスの中で だれが 一番 背が 高いですか。
　　{ ビルさんのほうが 高いです。 ／ カルロスさんが 一番 高いです。 }

もんだい Ⅴ 文を 書きましょう。

例：あの人は 高いです。 （背）
　　あの人は 背が 高いです。

1. うさぎは 長いです。 （耳）
　　＿＿＿＿＿＿＿＿＿＿＿＿＿＿＿＿＿＿＿＿＿＿＿＿

2. キムさんは 黒いです。 （かみ）
　　＿＿＿＿＿＿＿＿＿＿＿＿＿＿＿＿＿＿＿＿＿＿＿＿

3. 東京は 便利です。 （交通）
　　＿＿＿＿＿＿＿＿＿＿＿＿＿＿＿＿＿＿＿＿＿＿＿＿

第7課

第7課（練習2）

もんだいI ひらがなを 書きましょう。

例：わたしは ご飯（ を ） 食べます。

1. わたしは にんじん（　　　） 嫌いです。
2. くだもの（　　　） 野菜（　　　） どちらが 好きですか。
3. キムさん（　　　） アイスクリーム（　　　） 好き（　　　）ありません。
4. 映画の中（　　　） 何（　　　） 一番 好きですか。
5. 東京（　　　） 人（　　　） 多いです。
6. きょう（　　　）寒いです。
7. ワンさん（　　　） かみ（　　　） 短いです。
8. 電車（　　　） 飛行機のほう（　　　） 早いです。

```
を　より　と　では　で　が　は
```

もんだいII 文を 書きましょう。

例：A：今井さんは 紅茶が 好きですか。　　（とても）
　　B：はい、とても 好きです。

1. A：ビルさんは ケーキが 好きですか。　　（あまり）
   B：＿＿＿＿＿＿＿＿＿＿＿＿＿＿＿＿＿＿＿＿
2. A：あなたは カタカナが わかりますか。　　（だいたい）
   B：＿＿＿＿＿＿＿＿＿＿＿＿＿＿＿＿＿＿＿＿
3. A：ワンさんは 韓国語が わかりますか。　　（ぜんぜん）
   B：＿＿＿＿＿＿＿＿＿＿＿＿＿＿＿＿＿＿＿＿
4. A：リーさんは 日本語が 上手ですか。　　（あまり）
   B：＿＿＿＿＿＿＿＿＿＿＿＿＿＿＿＿＿＿＿＿

もんだいⅢ （　）に　アイウエ　を　書きましょう。

例：パンが　好きですから、　　　　　　　　　　　　　（　ア　）

1. あしたは　友だちの　たんじょうびですから、　　　（　　）
2. ワンさんは　映画が　好きですから、　　　　　　　（　　）
3. 天気が　いいですから、　　　　　　　　　　　　　（　　）

> ア．毎日　食べます。　　イ．毎週　映画館へ　行きます。
> ウ．公園へ　行きます。　エ．プレゼントを買います。

もんだいⅣ　文を　書きましょう。

例：は／が／新宿／駅／大きいです
　　<u>新宿は　駅が　大きいです。　　　　　　　　</u>

1. 秋／山／は／が／きれいです
　　<u>　　　　　　　　　　　　　　　　　　　　　</u>
2. おいしいです／が／この店／は／パフェ
　　<u>　　　　　　　　　　　　　　　　　　　　　</u>
3. は／情報／多いです／が／この雑誌
　　<u>　　　　　　　　　　　　　　　　　　　　　</u>

もんだいⅤ　文を　書きましょう。

1. おいしいですから、＿＿＿＿＿＿＿＿＿＿＿が　好きです。
2. ＿＿＿＿＿＿＿＿＿＿から、＿＿＿＿＿＿は　苦手です。
3. あなたは　英語が　わかりますか。＿＿＿＿＿＿＿＿＿＿
4. くだものの中で　何が　一番　好きですか。＿＿＿＿＿＿＿
5. 季節で　いつが　一番　好きですか。＿＿＿＿＿＿＿＿＿
6. 野球と　サッカーと　どちらが　好きですか。＿＿＿＿＿＿
7. 日本は　どうですか。＿＿＿＿＿＿＿＿＿＿＿＿＿＿＿＿

第7課

第8課（練習1）

もんだいI ひらがなで 書きましょう。

	🍓	📖	👦	🐱	📻	✏️
1	ひとつ					
2		にさつ				
3			さんにん			
4				よんひき		
5					ごだい	
6						
7						ななほん
8						
9						
10						
?		なんさつ				

もんだいII ＿＿＿に ことばを 書きましょう。

例：A：あそこに ＿なに＿が ありますか。　　B：コップが あります。

1. A：山田先生は ＿＿＿に いますか。　　B：図書室に います。
2. A：机の上に ＿＿＿が ありますか。　　B：ノートが あります。
3. A：めがねは ＿＿＿に ありますか。
   B：テレビの上に あります。
4. A：本棚の横に ＿＿＿が いますか。　　B：ワンさんが います。
5. A：大阪から 沖縄まで 飛行機で ＿＿＿かかりますか。
   B：2時間ぐらい かかります。

もんだいⅢ どちらが いいですか。 ○を 書きましょう。

例：机の上に 本が {(あります)・います}。

1. あそこに 時計が {あります・います}。
2. いすの下に 猫が {あります・います}。
3. 教室に 山田先生が {あります・います}。
4. 田中さんのうちに キムさんが {あります・います}。
5. 郵便局は 公園の前に {あります・います}。

もんだいⅣ 絵を 見て 答えましょう。

例：キムさんの___まえ___に りんごが あります。

1. テーブルの_____に 犬が います。
2. テーブルの_____に 棚が あります。
3. 棚の_____に 時計が あります。
4. 棚の_____に テレビが あります。
5. キムさんの_____に 窓が あります。
6. テーブルと 窓の_____に キムさんが います。

まえ
した
うえ
よこ
なか
あいだ
うしろ

第8課

第8課（練習2）

もんだいI ひらがな か ×を 書きましょう。

例：わたし（ は ）兄（ が ）二人（ × ）います。

1. はこ（　　）なか（　　）ストロー（　　）6本（　　）
　　　　　　　　　　　　　　　　　　　　　　　　あります。
2. キムさん（　　）どこ（　　）いますか。
3. スーパー（　　）桃（　　）いくつ（　　）買いましたか。
4. ビルさん（　　）どこ（　　）ビデオ（　　）見ましたか。
5. キムさん（　　）ワンさん（　　）あいだ（　　）
　　　　　　　　　　　　　　　　　　ねこ（　　）います。

は　が　×　の　に　で　を　と

もんだいII 文を 書きましょう。

例：5日／一週間／あります／授業／に／が
　→ 一週間に　5日　授業が　あります。

1. 学校／どのぐらい／まで／かかります／うちから／か
　_____

2. 2か月／います／は／わたし／大阪／に
　_____

3. を／1日／ぐらい／5杯／飲みます／コーヒー／に
　_____

もんだいⅢ 文を 書きましょう。

例：切手が　なんまいありますか。　〔5〕ごまいあります。

1. 自転車が＿＿＿＿＿＿＿＿＿＿＿　〔4〕＿＿＿＿＿＿＿＿＿＿＿
2. 本が＿＿＿＿＿＿＿＿＿＿＿＿＿　〔8〕＿＿＿＿＿＿＿＿＿＿＿
3. ボールペンが＿＿＿＿＿＿＿＿＿　〔10〕＿＿＿＿＿＿＿＿＿＿
4. たまごが＿＿＿＿＿＿＿＿＿＿＿　〔6〕＿＿＿＿＿＿＿＿＿＿＿
5. 子どもが＿＿＿＿＿＿＿＿＿＿＿　〔9〕＿＿＿＿＿＿＿＿＿＿＿
6. 犬が＿＿＿＿＿＿＿＿＿＿＿＿＿　〔3〕＿＿＿＿＿＿＿＿＿＿＿

もんだいⅣ 文を 書きましょう。

例： A：いっしょに 映画を 見ませんか。　（ 約束 ）
　　B：すみません、約束が あります。

1. A：いっしょに 晩ご飯を 食べませんか。　（ 用事 ）
   B：すみません、＿＿＿＿＿＿＿＿＿＿＿＿＿
2. A：いっしょに 買い物へ 行きませんか。　（ お金 ）
   B：すみません、＿＿＿＿＿＿＿＿＿＿＿＿＿
3. A：いっしょに コンビニへ 行きませんか。　（ 時間 ）
   B：すみません、＿＿＿＿＿＿＿＿＿＿＿＿＿

もんだいⅤ 文を 書きましょう。

1. あなたの部屋に何がありますか。
   ＿＿＿＿＿＿＿＿＿＿＿＿＿＿＿＿＿＿＿＿＿
2. あなたの家族はどこにいますか。
   ＿＿＿＿＿＿＿＿＿＿＿＿＿＿＿＿＿＿＿＿＿

第8課

第9課（練習1）

もんだいI 絵を 見て 答えましょう。

例： A：カメラが ほしいですか。
　　 B：はい、 ほしいです。 ／ いいえ、ほしくないです。

1. A：＿＿＿＿＿＿＿＿＿＿＿＿＿＿＿＿
　　 B：はい、＿＿＿＿＿＿＿＿＿＿＿＿＿＿

2. A：＿＿＿＿＿＿＿＿＿＿＿＿＿＿＿＿
　　 B：はい、＿＿＿＿＿＿＿＿＿＿＿＿＿＿

3. A：＿＿＿＿＿＿＿＿＿＿＿＿＿＿＿＿
　　 B：いいえ、＿＿＿＿＿＿＿＿＿＿＿＿＿

もんだいII 文を 書きましょう。

例：バナナ・食べます ／ バナナ・食べません
→ バナナ を 食べたいです。 ／ バナナ は 食べたくないです。

1. 車の雑誌・読みます
→＿＿＿＿＿＿＿＿＿＿＿＿＿＿＿＿＿＿＿＿。

2. 京都・行きます
→＿＿＿＿＿＿＿＿＿＿＿＿＿＿＿＿＿＿＿＿。

3. パソコン・買います
→＿＿＿＿＿＿＿＿＿＿＿＿＿＿＿＿＿＿＿＿。

4. お酒・飲みません
→＿＿＿＿＿＿＿＿＿＿＿＿＿＿＿＿＿＿＿＿。

5. 掃除・しません
→＿＿＿＿＿＿＿＿＿＿＿＿＿＿＿＿＿＿＿＿。

もんだいⅢ 文を 書きましょう。

例：A：この辞書は 使いやすいですか。
　　B：はい、　　使いやすいです。
　　　いいえ、　使いにくいです。

1．A：そのくつは 歩きやすいですか。
　　B：はい、_____

2．A：このペンは 書きやすいですか。
　　B：いいえ、_____

3．A：古いコンピューターは 使いやすいですか。
　　B：いいえ、_____

4．A：新しいアパートは 住みやすいですか。
　　B：はい、_____

もんだいⅣ 文を 書きましょう。

例：郵便局・手紙を 出します。
　→　郵便局へ　手紙を　出しに　　　行きます。

1．喫茶店・紅茶を 飲みます。
　→_____ 行きます。

2．日本・日本語を 勉強します。
　→_____ 来ました。

3．図書館・本を 返します。
　→_____ 行きました。

4．スーパー・アイスクリームを 買います。
　→_____ 来ました。

5．うち・ご飯を 食べます。
　→_____ 帰ります。

第9課

第9課（練習2）

もんだいI どちらが いいですか。 ○を 書きましょう。

例：この字は 小さいですから、読み { やすい・(にくい) } です。

1. この靴は 小さいですから、はき { やすい・にくい } です。
2. 日本語は 難しいですから、わかり { やすい・にくい } です。
3. この地図は 小さいですから、持ち { やすい・にくい } です。
4. この街は 便利ですから、住み { やすい・にくい } です。
5. 図書館は 静かですから、勉強し { やすい・にくい } です。

もんだいII 文を 書きましょう。

例：きのう 銀座へ 行きました。・お酒を 飲みます。
　　きのう 銀座へ お酒を飲みに 行きました。

1. あした 遊園地へ 行きます。・遊びます。
　　_____

2. 先週の土曜日 学校へ 来ました。・先生に 会います。
　　_____

3. 今度の日曜日 デパートへ 行きます。・CDを 買います。
　　_____

4. きのう 昼休みに うちへ 帰りました。・忘れ物を 取ります。
　　_____

5. 来月 国へ 帰ります。・母に 会います。
　　_____

もんだいⅢ ひらがなを 書きましょう。

例:ジュース(を) 飲みたいです。

1. 秋葉原(　　) 何(　　) 買いたいですか。
2. わたし(　　) 映画(　　) 見たいです。
3. A:何(　　) 一番 ほしいですか。
   B:大きいテレビ(　　) ほしいです。
4. 昼ご飯(　　) 食べ(　　) うち(　　) 帰ります。
5. 美術館(　　) 絵(　　) 見(　　) 行きたいです。
6. A:日曜日、どこか(　　) 行きませんか。
   B:いいえ、どこ(　　) 行きたくないです。
7. A:日本へ 何をしに 来ましたか。
   B:日本の料理(　　) 勉強しに 来ました。

を　で　も　は　に　へ　が

もんだいⅣ 文を 書きましょう。

1. 例:わたしは ＿＿うち＿＿ へ ＿＿ごはんを 食べに＿＿ 帰ります。

　(1) わたしは ＿＿＿＿＿＿ へ ＿＿＿＿＿＿＿＿＿＿ 行きます。
　(2) わたしは ＿＿＿＿＿＿ へ ＿＿＿＿＿＿＿＿＿＿ 来ました。
　(3) わたしは ＿＿＿＿＿＿ へ ＿＿＿＿＿＿＿＿＿＿ 帰ります。

2. (1) 今、あなたは 何が ほしいですか。

　＿＿＿＿＿＿＿＿＿＿＿＿＿＿＿＿＿＿＿＿＿＿＿＿＿＿

　(2) 夏休みに 何を したいですか。

　＿＿＿＿＿＿＿＿＿＿＿＿＿＿＿＿＿＿＿＿＿＿＿＿＿＿

第9課

第10課（練習1）

もんだい I 例を 見て 書きましょう。

例 会います	会って	8. 飲みます	
1. 言います		9. 帰ります	
2. 行きます		10. 見ます	
3. 書きます		11. 寝ます	
4. 泳ぎます		12. 食べます	
5. 待ちます		13. 始めます	
6. 死にます		14. 来ます	
7. 呼びます		15. 勉強します	

もんだい II 絵を 見て 答えましょう。

例：何を していますか。 → 本を ＿＿読んでいます。＿＿

1. ラジオを ＿＿＿＿＿＿＿＿＿＿＿＿＿＿＿
2. ベッドで ＿＿＿＿＿＿＿＿＿＿＿＿＿＿＿
3. 歌を ＿＿＿＿＿＿＿＿＿＿＿＿＿＿＿＿＿
4. バスに ＿＿＿＿＿＿＿＿＿＿＿＿＿＿＿＿

読みます
歌います
乗ります
寝ます
聞きます

もんだい III ひらがなを 書きましょう。

例：スタットさんは アイスクリーム（ を ） 買っています。

1. リーさんは 木の下（　　） 寝ています。
2. カルロスさんは 田中さん（　　） 話しています。
3. 小林さん（　　） 大学病院（　　） 研究をしています。
4. ワンさん（　　） ラジカセ（　　） 持っていますか。

を
で
は
と

もんだいⅣ 文を 書きましょう。

例： A：あなたは 猫を 飼っていますか。
　　 B：　はい、 飼っています。／いいえ、飼っていません。

1. A：ワンさんは 東京に 住んでいますか。
   B：はい、＿＿＿＿＿＿＿＿＿＿＿＿＿＿＿＿＿＿＿＿
2. A：キムさんは 英語を 教えていますか。
   B：いいえ、＿＿＿＿＿＿＿＿＿＿＿＿＿＿＿＿＿＿＿
3. A：小林部長は 結婚していますか。
   B：はい、＿＿＿＿＿＿＿＿＿＿＿＿＿＿＿＿＿＿＿＿
4. A：パクさんは デパートで 働いていますか。
   B：いいえ、＿＿＿＿＿＿＿＿＿＿＿＿＿＿＿＿＿＿＿
5. A：あなたは 安いレストランを 知っていますか。
   B：いいえ、＿＿＿＿＿＿＿＿＿＿＿＿＿＿＿＿＿＿＿

もんだいⅤ ヒントと 絵を 見て 答えましょう。

ヒント

例：山田さんは マスクを しています

1. 松本さんと 鈴木さんと 田中さんは めがねを かけています。
2. 今井さんと 松本さんは 携帯電話を 持っています。
3. 松本さんは ネクタイを しています。
4. 田中さんと 小林さんは 帽子を かぶっています。

（ 山田 ）　（　　）　（　　）　（　　）　（　　）　（　　）

第10課（練習2）

もんだいⅠ 文を 書きましょう。

例： A：ビルさんは どこに 住んでいますか。
　　 B：新宿に 住んでいます。

1. A：ワンさんは _____
   B：ワイン _____
2. A：キムさんは _____
   B：赤いスーツ _____
3. A：山田先生は _____
   B：犬 _____

> 住みます
> 着ます
> 飼います
> 飲みます

もんだいⅡ 絵を 見て 答えましょう。

何をしていますか。

例：ワンさん　→　ワンさんは　歌を 歌っています。

1. ビルさん　→　ビルさんは_____
2. キムさん　→　キムさんは_____
3. 山田先生　→　山田先生は_____
4. パクさん　→　パクさんは_____
5. リーさん　→　リーさんは_____

もんだいⅢ どれが いいですか。線を 書きましょう。

例： こどもが ——————— 歩いています。

1. イルカが　・　　　　　　・走っています。
2. 飛行機が　・　　　　　　・泳いでいます。
3. ワンさんが　・　　　　　　・飛んでいます。
4. 桜が　・　　　　　　・咲いています。

もんだいⅣ 文を 読んで ○か ×を 書きましょう。

1. わたしは 今 日本に 住んでいます。
   毎日 日本語学校で 勉強しています。
   アルバイトを したいですから、探しています。

   （ ○ ）わたしは 日本語学校の 学生です。
   （　 ）わたしは アルバイトを しています。

2. わたしの家族は 犬が 好きですから、大きい犬を 2ひき
   　　　　　　　　　　　　　　　　　　飼っています。
   わたしの兄は コンピューター会社で はたらいています。兄は
   　　　来年 結婚しますから、今 お金を ためています。

   （　 ）わたしの家族は 犬を よんひき 飼っています。
   （　 ）わたしの兄は 結婚して いません。

もんだいⅤ 文を 書きましょう。

1. あなたは どこに 住んでいますか。
   _____

2. おいしいレストランを 知っていますか。
   _____

3. 今、どんな色の 服を 着ていますか。
   _____

復習テスト （2） 得点　／100

I ひらがなで 書きましょう。　　　　　　　　　　　　　　　　（1点）

例：ねこ　（2）　にひき

1. こども　（1）＿＿＿＿＿＿　　2. おさら　（2）＿＿＿＿＿＿
3. えんぴつ（3）＿＿＿＿＿＿　　4. オレンジ（4）＿＿＿＿＿＿
5. コップ　（5）＿＿＿＿＿＿　　6. 犬　　　（6）＿＿＿＿＿＿
7. 紙　　　（7）＿＿＿＿＿＿　　8. かさ　　（8）＿＿＿＿＿＿
9. 車　　　（9）＿＿＿＿＿＿　　10. 本　　（10）＿＿＿＿＿＿

II ひらがなを 書きましょう。　　　　　　　　　　　　　　　　（1点）

例：6時（に） 家（へ） 帰ります。

1. A：これは だれ（　） テキストです（　）。
   B：それは わたし（　） テキストです。
2. 今朝 7時（　） 起きました。
3. 飛行機（　） 飛んでいます。
4. イチゴ（　） 好きですから、たくさん 買います。
5. ワンさんと ラーメン（　） 食べ（　） 行きます。
6. わたしは 東京（　） 2年 います。
7. このペンは 書きやすいです（　）、 高いです。
8. わたし（　） シャネル（　） さいふ（　） ほしいです。
9. 毎朝 6時（　） 7時（　） ジョギングを します。
10. 自転車（　） バイク（　） おそいです。
11. カッター（　） 手（　） 切りました。
12. 友だちの 家（　） テレビゲーム（　） しました。

```
に　で　は　へ　が　まで
の　を　から　と　より
```

50

Ⅲ 何を していますか。絵と 例を 見て 文を 書きましょう。
(3点)

例：　手紙を　書いています。　　　　1.＿＿＿＿＿＿＿＿＿＿＿＿＿＿

2.＿＿＿＿＿＿＿＿＿＿＿＿＿　　　3.＿＿＿＿＿＿＿＿＿＿＿＿＿＿

4.＿＿＿＿＿＿＿＿＿＿＿＿＿

Ⅳ （　）に ことばを 書きましょう。 (1点)

例：この辞書は　（　あまり　）　便利ではありません。

1. きのうは　（　　　）　寒かったです。
2. あの人は　やさしいです。　（　　　）まじめです。
3. 日本語の勉強は　むずかしいです　（　　　）、　おもしろいです。
4. 日本語が　（　　　）　わかります。
5. わたしは　ピアノが　（　　　）　上手ではありません。
6. 音楽が　好きです　（　　　）、　毎日　日本の歌を　聞きます。

　　あまり　　よく　　そして　　が　　とても　　から

Ⅴ ＿＿＿に ことばを 書きましょう。　　　　　　（2点）

例：A：あす 帰りますか。

　　B：いいえ、＿＿＿帰りません＿＿＿。

1. A：きのうのパーティは どうでしたか。　（にぎやかです）

　　B：＿＿＿＿＿＿＿＿＿＿＿＿＿＿＿＿＿。

2. A：あした ひまですか。

　　B：いいえ、＿＿＿＿＿＿＿＿＿＿＿＿＿。

3. A：あの公園は 静かですか。

　　B：はい、＿＿＿＿＿＿＿＿＿＿＿＿＿＿。

4. A：きのうの天気は どうでしたか。　（いいです）

　　B：＿＿＿＿＿＿＿＿＿＿＿＿＿＿＿＿＿。

5. A：りんご（300円）と みかん（150円）

　　　　　　　　　　と ＿＿＿＿＿＿ が やすいですか。

　　B：＿＿＿＿＿＿＿＿＿＿＿＿＿＿＿＿＿。

6. A：乗り物＿＿＿＿＿、＿＿＿＿＿＿ はやいですか。

　　B：＿＿＿＿＿＿＿＿ 一番 はやいです。　＊乗り物：船　電車　飛行機

7. A：月曜日の試験は どうでしたか。　（むずかしくないです）

　　B：＿＿＿＿＿＿＿＿＿＿＿＿＿＿＿＿＿。

8. A：きのう ビルさんは 元気でしたか。

　　B：いいえ、＿＿＿＿＿＿＿＿＿＿＿＿＿。

Ⅵ どんな人ですか。 絵と 例を 見て 文を 書きましょう。（2点）

例：田中さん　＿田中さんは携帯電話を持っています＿。

1. 小林さん ＿＿＿＿＿＿＿＿＿＿＿＿＿＿＿

2. 鈴木さん ＿＿＿＿＿＿＿＿＿＿＿＿＿＿＿

3. 山田さん ＿＿＿＿＿＿＿＿＿＿＿＿＿＿＿

Ⅶ どれが いいですか。○を 書きましょう。　　　（2点）

例：テレビを　{ 見ます ・聞きます・します }。

1. このパソコンは　{ 使い・使う・使って } やすいです。
2. わたしは 東京に　{ 住んで・住み・住む } います。
3. 京都は　{ 有名・有名な・有名で } 町です。
4. わたしは 今 何も　{ ほしくて・ほしくない・ほしい } です。
5. 新宿へ 時計を　{ 買い・買いに・買う }　行きます。
6. スタットさんは 今 手紙を　{ 書き・書く・書いて } います。

Ⅷ 絵と 文を 見て 答えましょう。　　　（1点）

　キムさんは 公園と学校の間に 車を 止めました。キムさんは 車の中に います。
　学校のとなりに 銀行が あります。銀行の前に スーパーがあります。リーさんは、そのスーパーに 行きました。
　本屋とコンビニのあいだに 郵便局が あります。スタットさんは 郵便局へ行きました。公園のとなりも コンビニです。ワンさんは そのコンビニへ 行きました。

例：キムさんの 車は　（ C ）に ＿＿あります＿＿。

1. キムさんは 今　（　　）に ＿＿＿＿＿＿。
2. 銀行は　（　　）に ＿＿＿＿＿＿。
3. リーさんは 今　（　　）に ＿＿＿＿＿＿。
4. 郵便局は　（　　）に ＿＿＿＿＿＿。
5. コンビニは　（　　）と（　　）に ＿＿＿＿＿＿。
6. ワンさんは 今　（　　）に ＿＿＿＿＿＿。

第11課（練習1）

もんだいI 絵を見て 答えましょう。

例：

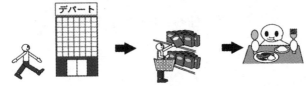

先週の土曜日 __デパートへ行って__、__買物をして__、__食事をしました__。

1

先週の日曜日_____、_____、_____。

2

きのうの夜_____、_____、_____。

3

毎朝_____、_____、_____。

4

毎晩_____、_____、_____。

もんだいII 例を見て 書きましょう。

例：窓を__開けてください。_____

1．暑いですから、エアコンを_____
2．1日3回、薬を_____
3．どうぞパーティーに_____
4．消しゴムを_____

開けます
飲みます
つけます
貸します
来ます

もんだいIII 例を見て 書きましょう。

例：背が 高いです→リーさんは <u>背が高くて</u>、 髪が黒いです。

1. かわいいです→キムさんは ＿＿＿＿＿＿＿、 親切です。
2. 元気です→ビルさんは ＿＿＿＿＿＿＿、 明るいです。
3. 26歳です→山田先生は ＿＿＿＿＿＿＿、 独身です。
4. まずいです→あのレストランは 料理が＿＿＿＿＿＿＿、 高いです。
5. にぎやかです→このクラスは ＿＿＿＿＿＿＿、 楽しいです。

もんだいIV 例を見て 書きましょう。

例：大根は <u>白くて</u>、にんじんは 赤いです。

1. こちらは ＿＿＿＿＿＿＿、あちらは 姉です。
2. わたしの会社は ＿＿＿＿＿＿＿、彼の会社は 忙しいです。
3. 車は ＿＿＿＿＿＿＿、人は 右です。
4. 今、北海道は ＿＿＿＿＿＿＿、 沖縄は 暖かいです。
5. こちらは ＿＿＿＿＿＿＿、あちらは お酒です。
6. この時計は ＿＿＿＿＿＿＿、このカメラは ドイツのです。
7. あのスカートは ＿＿＿＿＿＿＿、 このスカートは 安いです。
8. アメリカの入学式は ＿＿＿＿＿＿＿、日本は 4月です。

白いです	寒いです	ひまです	母です	左です
日本のです	9月です	水です	高いです	

もんだいV 例を見て 書きましょう。

例：おふろに 入ります。 → <u>おふろに 入ってから</u>、 寝ます。

1. 手を 洗います。 → ＿＿＿＿＿＿＿＿、食べました。
2. 日本へ 行きます。 → ＿＿＿＿＿＿＿＿、勉強します。
3. テストが 終わります。→ ＿＿＿＿＿＿＿＿、遊びましょう。
4. 水を 入れます。 → ＿＿＿＿＿＿＿＿、混ぜてください。
5. 窓を 閉めます。 → ＿＿＿＿＿＿＿＿、出かけます。
6. 名前を 書きます。 → ＿＿＿＿＿＿＿＿、始めましょう。

第11課

第11課（練習2）

もんだいI 文を 書きましょう。

例：名前を 書きます　A：どこに 名前を 書きますか。
　　（ここ）　　　　B：ここに 書いてください。

1. 集まります　　　　A：＿＿＿＿＿＿＿＿＿＿＿＿＿＿
　（朝8時）　　　　　B：＿＿＿＿＿＿＿＿＿＿＿＿＿＿

2. 行きます　　　　　A：＿＿＿＿＿＿＿＿＿＿＿＿＿＿
　（事務所）　　　　 B：＿＿＿＿＿＿＿＿＿＿＿＿＿＿

3. レポートを 出します　A：＿＿＿＿＿＿＿＿＿＿＿＿＿＿
　（来週）　　　　　　　B：＿＿＿＿＿＿＿＿＿＿＿＿＿＿

4. 練習します　　　　A：一週間に＿＿＿＿＿＿＿＿＿＿
　（3日）　　　　　　B：＿＿＿＿＿＿＿＿＿＿＿＿＿＿

5. 薬を 飲みます　　A：一日に＿＿＿＿＿＿＿＿＿＿＿
　（2回）　　　　　　B：＿＿＿＿＿＿＿＿＿＿＿＿＿＿

もんだいII 文を 書きましょう。

例：音楽を 聞きます。・学校へ 行きます。　（わたし）
　→　わたしは 音楽を 聞きながら、学校へ 行きます。

1. コーヒーを 飲みます。・本を 読みます。　（父）
　→ ＿＿＿＿＿＿＿＿＿＿＿＿＿＿＿＿＿＿＿＿

2. 歩きます。・話します。　（わたし）
　→ ＿＿＿＿＿＿＿＿＿＿＿＿＿＿＿＿＿＿＿＿

3. ラジオを 聞きます。・勉強を します。　（兄）
　→ ＿＿＿＿＿＿＿＿＿＿＿＿＿＿＿＿＿＿＿＿

4. 歌を 歌います。・自転車に 乗ります。　（妹）
　→ ＿＿＿＿＿＿＿＿＿＿＿＿＿＿＿＿＿＿＿＿

5. アルバイトを します。・音楽の 勉強を します。　（彼）
　→ ＿＿＿＿＿＿＿＿＿＿＿＿＿＿＿＿＿＿＿＿

もんだいIII 例を見て 書きましょう。

例：(やさしい・きれい)　ワンさんは <u>やさしくて、きれいです。</u>

1. (薄い・軽い)　　　　このカメラは＿＿＿＿＿＿＿＿＿＿＿＿＿＿＿＿
2. (広い・明るい)　　　この部屋は＿＿＿＿＿＿＿＿＿＿＿＿＿＿＿＿＿
3. (きれいな・便利な)　あのコンビニは＿＿＿＿＿＿＿＿＿＿＿＿＿＿
4. (ハンサムな・やさしい)
  道子さんの彼氏は＿＿＿＿＿＿＿＿＿＿＿＿＿＿＿＿＿＿＿＿＿＿
5. (背が 高い・髪が 茶色い)
  わたしの兄は＿＿＿＿＿＿＿＿＿＿＿＿＿＿＿＿＿＿＿＿＿＿＿＿

もんだいIV 文を読んで 答えましょう。

> 「ハイキングの お知らせ」
> みんなで 山へ 行きましょう。 10月20日に 行きます。 あさ 7時30分に 学校へ 来てください。
> 　7時45分に 学校を 出て、電車に 乗ります。 池袋駅から 小川町駅まで 1時間くらい かかります。 小川町駅から バスに 25分くらい 乗ります。バスを 降りて、歩きます。 4時30分に 学校へ 帰ります。
> 　山は 木が 多くて、景色が 美しいです。 山は 寒いから 暖かい服を 着てください。

1. みんなで どこへ 行きますか。
   ＿＿＿＿＿＿＿＿＿＿＿＿＿＿＿＿＿＿＿＿
2. 何時何分に 学校を 出ますか。
   ＿＿＿＿＿＿＿＿＿＿＿＿＿＿＿＿＿＿＿＿
3. 電車で どこから どこまで 行きますか。
   ＿＿＿＿＿＿＿＿＿＿＿＿＿＿＿＿＿＿＿＿
4. バスに どのくらい 乗りますか。
   ＿＿＿＿＿＿＿＿＿＿＿＿＿＿＿＿＿＿＿＿
5. どんな 服を 着ますか。
   ＿＿＿＿＿＿＿＿＿＿＿＿＿＿＿＿＿＿＿＿

第11課

第12課（練習1）

もんだいⅠ 例を見て 書きましょう。

例.食べます	食べない	8.急ぎます	
1.働きます		9.終わります	
2.着ます		10.浴びます	
3.手伝います		11.貸します	
4.練習します		12.出ます	
5.遅れます		13.借ります	
6.集合します		14.閉めます	
7.頼みます		15.来ます	

もんだいⅡ 例を見て 書きましょう。

例：吸いません → たばこを 吸わないでください。

1. 食べません → お菓子を _____
2. 出発しません → まだ _____
3. 撮りません → ここで写真を _____
4. 置きません → そこに荷物を _____

もんだいⅢ 絵を見て 答えましょう。

例：メガネを かけないで テレビを 見ます。

1. _____
2. _____
3. _____
4. _____

もんだいIV 文を 書きましょう。

例：ハンバーグ→A：何にしますか。　　　　　B：ハンバーグにします。

1. 来月　　→A：＿＿＿＿＿＿＿＿＿＿＿　　B：＿＿＿＿＿＿＿＿＿＿＿
2. 池袋　　→A：＿＿＿＿＿＿＿＿＿＿＿　　B：＿＿＿＿＿＿＿＿＿＿＿
3. ビール　→A：＿＿＿＿＿＿＿＿＿＿＿　　B：＿＿＿＿＿＿＿＿＿＿＿
4. キムさん→A：＿＿＿＿＿＿＿＿＿＿＿　　B：＿＿＿＿＿＿＿＿＿＿＿

もんだいV 例を 見て 書きましょう。

例：顔を 洗いません。→顔を 洗わないで、会社へ 行きました。

1. ペンを 使いません。→＿＿＿＿＿＿＿＿＿＿、えんぴつで 書きました。
2. 宿題を しません。→＿＿＿＿＿＿＿＿＿＿、学校へ 行きました。
3. かぎを しめません。→＿＿＿＿＿＿＿＿＿＿、うちを 出ました。
4. よく 調べません。→＿＿＿＿＿＿＿＿＿＿、友だちに 聞きました。
5. 電車に 乗りません。→＿＿＿＿＿＿＿＿＿＿、タクシーで 来ました。

もんだいVI 例を 見て 書きましょう。

例：薬を 飲みます。→薬を 飲まなければ なりません。

1. レポートを 出します。
   ＿＿＿＿＿＿＿＿＿＿＿＿＿＿＿＿＿＿＿＿

2. 会議の準備を します。
   ＿＿＿＿＿＿＿＿＿＿＿＿＿＿＿＿＿＿＿＿

3. 一日3回、歯を みがきます。
   ＿＿＿＿＿＿＿＿＿＿＿＿＿＿＿＿＿＿＿＿

4. 朝5時に 起きます。
   ＿＿＿＿＿＿＿＿＿＿＿＿＿＿＿＿＿＿＿＿

5. 10時まで 事務所に います。
   ＿＿＿＿＿＿＿＿＿＿＿＿＿＿＿＿＿＿＿＿

6. 今度の日曜日、会社へ 来ます。
   ＿＿＿＿＿＿＿＿＿＿＿＿＿＿＿＿＿＿＿＿

第12課

第12課（練習2）

もんだい I 絵を見て 答えましょう。

例：教室の中で　ものを　食べないでください。

1. 映画館で ＿＿＿＿＿＿＿＿＿＿＿＿＿＿＿＿＿＿＿＿＿＿
2. ここで ＿＿＿＿＿＿＿＿＿＿＿＿＿＿＿＿＿＿＿＿＿＿＿
3. そこに ＿＿＿＿＿＿＿＿＿＿＿＿＿＿＿＿＿＿＿＿＿＿＿

もんだい II ＿＿＿に ことばを 書きましょう。

例：A：かばんを持って　うちを出ましたか。　B：いいえ、持たないで出ました。

1. A：ジュースに　氷を入れて　飲みますか。B：いいえ、＿＿＿＿＿＿＿飲みます。
2. A：きょう、おふろに入って　寝ますか。B：いいえ、＿＿＿＿＿＿＿＿＿寝ます。
3. A：今朝　朝ご飯を食べて　学校へ　来ましたか。
   B：いいえ、＿＿＿＿＿＿＿＿＿来ました。
4. A：資料を見て、作文を　書きましたか。
   B：いいえ、＿＿＿＿＿＿＿＿書きました。

もんだい III 文を　書きましょう。

例：あしたの朝　レポートを　出します。
　　A：いつ　レポートを　出さなければ　なりませんか。
　　B：あしたの朝　出さなければ　なりません。

1. あさって　ビルさんに　会います。
   A：＿＿＿＿＿＿＿＿＿＿＿＿＿＿＿＿＿＿＿＿＿＿＿＿＿＿
   B：＿＿＿＿＿＿＿＿＿＿＿＿＿＿＿＿＿＿＿＿＿＿＿＿＿＿

2. チケットを　5枚　予約します。
   A：＿＿＿＿＿＿＿＿＿＿＿＿＿＿＿＿＿＿＿＿＿＿＿＿＿＿
   B：＿＿＿＿＿＿＿＿＿＿＿＿＿＿＿＿＿＿＿＿＿＿＿＿＿＿

もんだいIV 文を 書きましょう。

例：店員：ご注文は お決まりでしょうか。

ワン：はい、<u>本日のランチにします。</u>

店員：肉と魚が ありますが。

ワン：＿＿＿＿＿＿＿＿＿＿＿＿＿＿＿＿

店員：パンと ライスは どちらにしますか。

ワン：＿＿＿＿＿＿＿＿＿＿＿＿＿＿＿＿

店員：お飲み物は。

ワン：＿＿＿＿＿＿＿＿＿＿＿＿＿＿＿＿

店員：ホットと アイスが ありますが どちらにしますか。

ワン：＿＿＿＿＿＿＿＿＿＿＿＿＿＿＿＿

> **本日のランチ**
> 肉料理／魚料理
> パン／ライス
> サラダ
> コーヒー／紅茶
> （ホット／アイス）

もんだいV 文を読んで 答えましょう。

「テストの 注意」

　今から テスト（を） します。上級クラスは このテストで 70点以上 取らなければなりません。となりの人と 話さないで ください。教科書を 見ないで ください。問題の紙に 何（　） 書かないで ください。あとで 集めます。ペンを 使わないで、えんぴつを 使って ください。問題の紙と 答えの紙は 12時（　） 集めます。それまで、教室を 出ないで ください。はじめに、答えの紙（　） 名前を 書いて ください。

　………どうぞ、始めてください。

正しいものに○、正しくないものに×を 書きましょう。

1．（　）上級クラスは 90点以上 取らなければ なりません。
2．（　）テスト中は 友達と 話さなければ なりません。
3．（　）ペンを 使っても いいです。
4．（　）12時まで 教室に いなければ なりません。
5．（　）答えの紙に 名前を 書かなければ なりません。

第13課（練習1）

もんだいⅠ 例を見て 書きましょう。

例：ここに 座ります。　　　　　　→ここに 座ってもいいですか。

1. ドアを 閉めます。　　　　　　→＿＿＿＿＿＿＿＿＿＿＿＿＿＿＿＿＿
2. 早く 帰ります。　　　　　　　→＿＿＿＿＿＿＿＿＿＿＿＿＿＿＿＿＿
3. ここで お弁当を 食べます。　→＿＿＿＿＿＿＿＿＿＿＿＿＿＿＿＿＿
4. その部屋に 入ります。　　　　→＿＿＿＿＿＿＿＿＿＿＿＿＿＿＿＿＿
5. あそこに 荷物を 置きます。　→＿＿＿＿＿＿＿＿＿＿＿＿＿＿＿＿＿
6. 毎日 行きます。　　　　　　　→＿＿＿＿＿＿＿＿＿＿＿＿＿＿＿＿＿

もんだいⅡ 例を見て 書きましょう。

例：朝6時に 起きません。　　　　→朝6時に 起きなくてもいいですか。

1. 窓を 開けません。　　　　　　→＿＿＿＿＿＿＿＿＿＿＿＿＿＿＿＿＿
2. 間に合いません。　　　　　　　→＿＿＿＿＿＿＿＿＿＿＿＿＿＿＿＿＿
3. 早く 寝ません。　　　　　　　→＿＿＿＿＿＿＿＿＿＿＿＿＿＿＿＿＿
4. 帽子を かぶりません。　　　　→＿＿＿＿＿＿＿＿＿＿＿＿＿＿＿＿＿
5. すぐに 洗濯しません。　　　　→＿＿＿＿＿＿＿＿＿＿＿＿＿＿＿＿＿
6. 水を 全部 飲みません。　　　→＿＿＿＿＿＿＿＿＿＿＿＿＿＿＿＿＿

もんだいⅢ 例を見て 書きましょう。

例：座ります　→A：いすに 座ってもいいですか。
　　　　　　　B：はい、いいですよ。　／いいえ、座らないでください。
　　座りません→A：いすに 座らなくてもいいですか。
　　　　　　　B：はい、いいですよ。　／いいえ、座らなければなりません。

1. 開けます　→A：窓を＿＿＿＿＿＿＿＿＿＿＿　B：はい、＿＿＿＿＿＿
2. さわります→A：ボールを＿＿＿＿＿＿＿＿＿＿＿＿＿＿＿＿＿
　　　　　　　B：いいえ、＿＿＿＿＿＿＿＿＿＿＿＿＿＿＿＿＿
3. 食べません→A：これを＿＿＿＿＿＿＿＿＿＿　B：はい、＿＿＿＿＿

もんだいIV 例を見て 書きましょう。

例：たばこを 吸ってはいけません。

1. ペンで ＿＿＿＿＿＿＿＿＿＿＿＿＿＿＿＿＿
2. 音楽会で ＿＿＿＿＿＿＿＿＿＿＿＿＿＿＿
3. ここで 写真を ＿＿＿＿＿＿＿＿＿＿＿＿
4. 試験の日に ＿＿＿＿＿＿＿＿＿＿＿＿＿＿
5. テスト中、教科書を ＿＿＿＿＿＿＿＿＿＿
6. 子どもは お酒を ＿＿＿＿＿＿＿＿＿＿＿

> 吸います
> 撮ります
> 書きます
> 飲みます
> 騒ぎます
> 欠席します
> 見ます

第13課

もんだいV ひらがなを 書きましょう。

例：ここ（ に ） 座って（ は ） いけません。

1. ここ（　）写真を 撮って（　）いいですか。
2. この料理（　）お酒（　）入れないでください。
3. 6階まで 階段（　）行かなければなりません。
4. 授業中 友だち（　）話して（　）いけません。
5. 電車（　）中で 携帯電話（　）使わないでください。

　　　　　　　も を で は と の に

もんだいVI 文を 書きましょう。

例：字を 書きます →a．字を書いてもいいです。
　　　　　　　　　　b．字を書いてもかまいません。

1. 教室を 出ます　　→a．＿＿＿＿＿＿＿＿＿＿＿＿
　　　　　　　　　　　b．＿＿＿＿＿＿＿＿＿＿＿＿
2. ギターを 弾きます　→a．＿＿＿＿＿＿＿＿＿＿＿＿
　　　　　　　　　　　b．＿＿＿＿＿＿＿＿＿＿＿＿
3. 先生の家に 泊まります→a．＿＿＿＿＿＿＿＿＿＿＿
　　　　　　　　　　　b．＿＿＿＿＿＿＿＿＿＿＿＿
4. あした 来ません　　→a．＿＿＿＿＿＿＿＿＿＿＿＿
　　　　　　　　　　　b．＿＿＿＿＿＿＿＿＿＿＿＿
5. 本を 買いません　　→a．＿＿＿＿＿＿＿＿＿＿＿＿
　　　　　　　　　　　b．＿＿＿＿＿＿＿＿＿＿＿＿

第13課（練習2）

もんだいⅠ 絵を見て 答えましょう。

例 1 2  3 4

例：ここで、 <u>火を使ってはいけません。</u>

1. ここで、 _____
2. ここで、 _____
3. この中に、_____
4. これに、 _____

もんだいⅡ 文を 書きましょう

例：飲みます→A：薬を 毎日 <u>飲まなくてもいいですか。</u>
　　　　　　　B：はい、<u>飲まなくてもいいです。</u>　／　いいえ、<u>飲まなければなりません。</u>

1. 書きます→A：ボールペンで_____
　　　　　　B：はい、_____
2. 着ます　→A：スーツを_____
　　　　　　B：いいえ、_____
3. 来ます　→A：来週の月曜日_____
　　　　　　B：いいえ、_____

もんだいⅢ 文を 書きましょう

例：書かなくても／いい／で／です／漢字　<u>漢字で書かなくてもいいです。</u>

1. なべ／塩／いい／か／です／入れても／に／を

　_____

2. は／この／いけません／を／通って／道

　_____

3. 何／置かないで／下／机／も／ください／に／の

　_____

もんだいⅣ （　）に アイウエオ を 書きましょう。

例：すみません、ここに書いても かまいませんか。　　　　（ア）
1. 先生、きょう中に プリントを 提出できません。　　　（　）
2. 今、忙しくて できません。　　　　　　　　　　　　（　）
3. お腹が すいていません。　　　　　　　　　　　　　（　）
4. また 学校へ 来なければなりませんか。　　　　　　（　）

ア．ええ、かまいませんよ。　　イ．食べなくても かまいませんよ。
ウ．あした 出しても かまいませんよ。エ．あとで やっても かまいませんよ。
オ．来なくても かまいませんよ。

第13課

もんだいⅤ 文を読んで 答えましょう。

歓迎会のお知らせ

日時：　4月26日　　pm 7：00～9：00
場所：　駅前のレストラン　（イタリアの台所)ひまわり　日本語学校
会費：　1500円

＊ひまわり日本語学校の学生でなくても いいです。友だちと いっしょに 来てください。
＊何時に 来てもかまいません。とちゅうで 帰ってもかまいません。
＊レストランの中で たばこを 吸ってはいけません。

1. 日本語学校の学生でない人は 入っては いけませんか。
　_____

2. とちゅうで 帰っては いけませんか。
　_____

3. レストランの中で たばこを 吸ってもいいですか。
　_____

もんだいⅥ 文を 書きましょう

1. あなたは 毎日、何時に 起きなければ なりませんか。
　_____

2. あなたの国では 何歳から 学校へ 行かなければ なりませんか。
　_____

65

第14課（練習1）

もんだいⅠ 絵を見て 答えましょう。

 ワン キム  スタット  ビル  カルロス

例：a． ワンさんは キムさんに 帽子を あげました。
　　b． キムさんは ワンさんに 帽子を もらいました。

1．a．＿＿＿＿＿＿＿＿＿＿＿＿＿＿＿＿＿＿＿＿＿＿
　　b．＿＿＿＿＿＿＿＿＿＿＿＿＿＿＿＿＿＿＿＿＿＿
2．a．＿＿＿＿＿＿＿＿＿＿＿＿＿＿＿＿＿＿＿＿＿＿
　　b．＿＿＿＿＿＿＿＿＿＿＿＿＿＿＿＿＿＿＿＿＿＿
3．a．＿＿＿＿＿＿＿＿＿＿＿＿＿＿＿＿＿＿＿＿＿＿
　　b．＿＿＿＿＿＿＿＿＿＿＿＿＿＿＿＿＿＿＿＿＿＿

もんだいⅡ どちらが いいですか。 ○を 書きましょう。

例：わたしは 兄に スニーカーを ｛ (もらいました)・くれました ｝。

1．ビルさんは わたしに 英語を 教えて
　　　　　　　　｛ あげました・もらいました・くれました ｝。
2．わたしは ワンさんに 黄色いかばんを ｛ もらいました・くれました ｝。
3．ワンさんが 妻に おみやげを ｛ あげました・くれました ｝。

もんだいⅢ 文を 書きましょう。

例：わたし・ワンさんのお弁当・作ります
　　わたしは ワンさんのお弁当を 作ってあげました。

1．わたし・彼の部屋・掃除します
　　＿＿＿＿＿＿＿＿＿＿＿＿＿＿＿＿＿＿＿＿＿＿＿＿＿

2. 父・彼の車・直します

   _____

3. わたし・弟のかばん・持ちます

   _____

もんだいⅣ 絵を見て 答えましょう。

例：ワンさんが わたしに<u>プレゼントをくれました。</u>

1. キムさんが わたしに_____
2. 山田先生が わたしに_____
3. 道子さんが わたしに_____

もんだいⅤ どちらが いいですか。 ○を 書きましょう。

例：ワンさんは キムさん (に/が) 辞書 (を/が) あげました。

1. わたしは 姉 (に/が)　スカートを もらいました。
2. スタットさん (に/が)　タイの雑誌を くれました。
3. あなたは だれ (が/に)　チョコレート (が/を) あげましたか。
4. ワンさんは わたし (に/の) 荷物 (へ/を) 持ってくれました。

もんだいⅥ 文を 書きましょう。

例：リーさんは カルロスさんに 日本語のテキストを 貸してあげました。
　　<u>カルロスさんは リーさんに 日本語のテキストを 貸してもらいました。</u>

1. カルロスさんは パクさんに 国の写真を 見せてあげました。

   _____

2. パクさんは 道子さんに 歌の先生を 紹介してあげました。

   _____

第14課（練習2）

もんだいⅠ 絵を見て 答えましょう。

ワン → 道子 → パク　カルロス →　スタット →
例　　　　1　　　2　　　　　3

例1： A．（あげます）ワンさんは だれに 花を あげましたか。
　　　B．ワンさんは 道子さんに 花を あげました。

例2： A．（もらいます）道子さんは だれに 花を もらいましたか。
　　　B．道子さんは ワンさんに 花を もらいました。

1．A．（あげます）＿＿＿＿＿＿＿＿＿＿＿＿
　　B．＿＿＿＿＿＿＿＿＿＿＿＿

2．A．（もらいます）＿＿＿＿＿＿＿＿＿＿＿＿
　　B．＿＿＿＿＿＿＿＿＿＿＿＿

3．A．（あげます）＿＿＿＿＿＿＿＿＿＿＿＿
　　B．＿＿＿＿＿＿＿＿＿＿＿＿
　　A．（もらいます）＿＿＿＿＿＿＿＿＿＿＿＿
　　B．＿＿＿＿＿＿＿＿＿＿＿＿

もんだいⅡ 文を 書きましょう。

例：あげました／パクさん／に／を／花
　　キムさんは パクさんに 花を あげました。

1．サンドイッチ／作り方／を／もらいます／みどりさん／に／の／教えて
　　わたしは ＿＿＿＿＿＿＿＿＿＿＿＿

2．外国人登録証／区役所／を／から／もらいました
　　わたしは ＿＿＿＿＿＿＿＿＿＿＿＿

3．息子／買って／おもちゃ／くれました／うち／の／に／を
　　田中さんは ＿＿＿＿＿＿＿＿＿＿＿＿

もんだいⅢ 文を 読んで 答えましょう。

松本さんの話
　わたしと 妻は 小さいレストランで 結婚パーティーを しました。妻は 友だちに 結婚式のドレスを 作ってa._____。わたしは 友達の お兄さんに 靴を貸してb._____。たくさん 友達が 来てc._____。
　今井さんが おもしろい話を してd._____。鈴木さんが ピアノを 弾いてe._____。店の人が ワインを 1本 プレゼントしてf._____。みんなが 歌を 歌ってg._____。わたしたちは みんなに クッキーをh._____。

1. a～iに、{ あげました／もらいました／くれました }を 書きましょう

a._____。　b._____。　c._____。
d._____。　e._____。　f._____。
g._____。　h._____。

2. （1）松本さんは どんな ところで 結婚パーティーを しましたか。
　　_____
　（2）松本さんは だれに 靴を 借りましたか。
　　_____
　（3）今井さんは 何を しましたか。
　　_____
　（4）鈴木さんは 何を しましたか。
　　_____
　（5）店の プレゼントは 何でしたか。
　　_____
　（6）みんなは 松本さんたちに 何を もらいましたか。
　　_____

もんだいⅣ 文を 書きましょう。

1. あなたは 母の日に お母さんに 何を してあげますか。
　_____

2. あなたは 去年 誕生日に 何を もらいましたか。
　_____

第14課

第15課（練習1）

もんだいⅠ 例を見て 書きましょう。

例 焼きます	焼く	7. 入れます	
1. 怒ります		8. 通します	
2. 貸します		9. 出発します	
3. 手伝います		10. 教えます	
4. 洗います		11. 頼みます	
5. 出ます		12. 急ぎます	
6. 集合します		13. 覚えます	

もんだいⅡ 例を見て 書きましょう。

例：暑いです →暑くなりました。

1. 軽いです → _____　　2. 顔が赤いです → _____
3. 元気です → _____　　4. 静かです → _____
5. きれいです → _____　　6. 医者です → _____
7. 社長です → _____　　8. 髪が長いです → _____
9. 悲しいです → _____　　10. 上手です → _____

もんだいⅢ 例を見て 書きましょう。

ア．趣味は 何ですか。

　　例：魚を 釣ります　　　→ 魚を釣ること　　　です。

　　1. お菓子を つくります　→ _____ です。
　　2. サッカーを します　　→ _____ です。
　　3. おいしいものを 食べます → _____ です。

イ．夢は 何ですか。

　　例：通訳に なります　　　→ 通訳になること　　　です。

　　1. 学校の先生に なります　→ _____ です。
　　2. 大きい車を 買います　　→ _____ です。

3．自分の店を　持ちます　→ ＿＿＿＿＿＿＿＿＿＿＿＿ です。

4．アメリカへ　行きます　→ ＿＿＿＿＿＿＿＿＿＿＿＿ です。

もんだいⅣ 文を　書きましょう。

例：着物を　作ります。
A：着物を作ることができますか。B：はい、できます。／いいえ、できません。

1．パソコンを　使います。
A：＿＿＿＿＿＿＿＿＿＿＿＿＿＿＿＿　　B：はい、＿＿＿＿＿＿＿＿＿

2．インターネットで　切符を　買います。
A：＿＿＿＿＿＿＿＿＿＿＿＿＿＿＿＿　　B：いいえ、＿＿＿＿＿＿＿＿

3．ここで　両替を　します。
A：＿＿＿＿＿＿＿＿＿＿＿＿＿＿＿＿　　B：はい、＿＿＿＿＿＿＿＿＿

もんだいⅤ 例を見て　書きましょう。

例：春に　なります。桜が　さきます。
　　春に　なると、桜が　さきます。

1．あの角を　曲がります。うちが　あります。
　　＿＿＿＿＿＿＿＿＿＿＿＿＿＿＿＿＿＿＿＿＿＿＿＿＿＿＿＿＿＿＿＿

2．このレバーを　回します。ドアが　開きます。
　　＿＿＿＿＿＿＿＿＿＿＿＿＿＿＿＿＿＿＿＿＿＿＿＿＿＿＿＿＿＿＿＿

3．このカードを　見せます。入ることが　できます。
　　＿＿＿＿＿＿＿＿＿＿＿＿＿＿＿＿＿＿＿＿＿＿＿＿＿＿＿＿＿＿＿＿

4．毎日　復習しません。忘れます。
　　＿＿＿＿＿＿＿＿＿＿＿＿＿＿＿＿＿＿＿＿＿＿＿＿＿＿＿＿＿＿＿＿

もんだいⅥ 文を　書きましょう。
1．あなたの夢は　何ですか。＿＿＿＿＿＿＿＿＿＿＿＿＿＿＿＿＿＿＿
2．特技は　何ですか。＿＿＿＿＿＿＿＿＿＿＿＿＿＿＿＿＿＿＿＿＿＿
3．趣味は　何ですか。＿＿＿＿＿＿＿＿＿＿＿＿＿＿＿＿＿＿＿＿＿＿

第15課

第15課（練習2）

もんだいI ひらがなを 書きましょう。

例：ワンさんは サッカー（ が ）できます。

| を | に | が | と |
| の | で | へ | |

1. ろうか（　　）走らないでください。
2. 毎日 公園（　　）散歩します。
3. この道（　　）まっすぐ行く（　　）銀行が あります。
4. 次の角（　　）左（　　）曲がってください。
5. この橋（　　）わたるのは 危険ですよ。
6. 7時半に 家（　　）出て、7時50分の 電車（　　）乗ります。
7. 新宿（　　）JR（　　）降りて 京王線（　　）乗り替えます。
8. 去年 日本語学校（　　）卒業して、大学（　　）入りました。
9. 今度（　　）休み（　　）友だち（　　）会い（　　）大阪（　　）行きます。
10. 食べ物（　　）なか（　　）一番 好きなのは 何ですか。
11. この学校は 駅（　　）近くて 便利です。

もんだいII 正しいものに 線を 書いて、_____に 文を 書きましょう。

例：秋に なります。　————　山が 赤いです。

1. 新しいうちに 引越します。　・　　　・足が 痛いです
2. たくさん 歩きます。　　　　・　　　・楽しいです。
3. 洗濯を しません。　　　　　・　　　・タオルが ありません。
4. 友だちが います　　　　　　・　　　・風邪の人が 多いです。
5. 寒く なります。　　　　　　・　　　・便利です。

↓

例： 秋になると、山が赤くなります。

1. _____
2. _____
3. _____
4. _____
5. _____

もんだいIII 文を 書きましょう。

例：趣味／です／サッカー／見る／わたし／こと／の／は／を
　　わたしの趣味は サッカーを 見ることです。

1. こと／お金／コンビニ／で／を／おろす／が／できます
   _____

2. なりました／もう／に／12時
   _____

3. です／わたし／は／会社／を／こと／作る／の／夢
   _____

もんだいV 文を読んで 答えましょう。

「夢はオリンピック選手」
　わたしの特技は スキーを することです。毎年、雪が降ると、12月ごろから3月まで、スキー場へ 練習しに 行きます。
　そして、毎年、同じ温泉に 泊まります。その温泉は 24時間 入ることができます。わたしは 毎日 練習してから 温泉に入ります。温泉に入ると元気になって、たくさん 練習することができます。
　次の大会で 優勝すると、オリンピックに 出ることができます。がんばって オリンピック選手に なりたいです。

1. わたしの 特技は 何ですか。
   → _____

2. わたしは 12月ごろから 3月まで どこへ 行って 何を しますか。
   → _____

3. 温泉に入ると どう なりますか。
   → _____

4. どうすると、オリンピックに 出ることができますか。
   → _____

復習テスト （3）   得点 ／100

I ひらがなか ×を 書きましょう。　　　　　（1点）

例：あした（ × ） 母（ に ） 会い（ に ） 行きます。

1. 信号（　　） 渡ります。
2. 手紙（　　） 切手（　　） はります。
3. 学生は 先生（　　） 作文（　　） 提出します。
4. 棚（　　） 上（　　） 荷物（　　） おきます。
5. 毎日（　　） 8時（　　） 電車（　　） のります。
6. 次（　　） 角（　　） ひだり（　　） まがります。
7. ワンさんが 田中さん（　　） れんらくします。
8. ここ（　　） 自転車（　　） とめます。
9. 交通事故（　　） あいます。
10. 部屋（　　） 入ります。
11. 部屋（　　） 出ます。
12. 学校（　　） かよいます。
13. いす（　　） かたづけます。
14. 夕方（　　） 会社（　　） もどります。

×	に	の	を

II どれが いいですか。＿＿＿に 書きましょう。　　　（2点）

例：きのう、学校へ ＿＿a＿＿。
　　a．きました　b．きません　c．きます　d．しませんでした

1. キム：先生、きょうは 大使館へ 行きます。早く＿＿＿＿＿＿。
　　a．かえってください　　　　b．かえってもいいですか
　　c．かえらなければなりませんか　d．かえりてもいいですか
　先生：ええ、＿＿＿＿＿＿。
　　a．かまいますよ　　　b．かまいませんよ
　　c．かまってください　d．かまってもいいです

2. わたしの夢は イタリアの車を _____。
　　a．ほしいです　b．かいました　c．かうことです　d．かうことができます
3. わたしの家には お金がありませんでしたから、
　　　　　　　　　　　　わたしは_____、大学へ 行きました。
　　a．はたらきながら　b．はたらくながら　c．はたらくと　d．はたらって
4. つかれましたね。そこの 喫茶店に_____、休みましょう。
　　a．はいってから　b．はいりながら　c．はいって　d．はいりて
5. 先生：もう この新聞は 読みましたね。すてますよ。
　　ワン：あ、まだです。すみません。あとで 読みますから_____。
　　a．すててください　　　b．すててはいけません
　　c．すてないでください　　d．すててもかまいません
6. ジム：すみません、このプリントを コピーしたいです。
　　先生：ああ、今 学校のコピーの機械が こわれていますから、_____。
　　a．つかってできません　　　b．つかいことができません
　　c．つかうことができません　　d．つかうことがしません
　　ジム：そうですか。どこかで_____。
　　a．コピーことができますか　　b．コピーができますか
　　c．コピーですか　　　　　　　d．コピーしますか
　　先生：そこのコンビニに コピーの機械が ありますよ。
7. サム：いつ でかけますか。
　　ミン：昼ご飯を_____、でかけます。
　　a．たべますから　b．たべから　c．たべると　d．たべてから
8. 火事です。きけんです。ここに_____。早く 外に 行きましょう。
　　a．いてください　　　　b．いてはいけません
　　c．いなくてもいいです　　d．いなければなりません
9. 熱が 38度あります。でも 試験が ありますから、
　　　　　　　　　　　　どうしても 学校へ_____。
　　a．いきなければなりません　　b．いかなくてもかまいません
　　c．いかなければなりません　　d．いってはいけません
10. エリ：先生、このプリントの問題は、全部 宿題ですか。
　　先生：いいえ、6と7は 中級の問題ですから_____。
　　a．しないでもいいです　　b．しなくてもいいです
　　c．することです　　　　　d．しました

11. 日本語の勉強は、始めは あまり むずかしくありませんでした。
   でもだんだん_____。
   a．むずかしくしました　　　b．むずかしいです
   c．むずかしいになりました　d．むずかしくなりました

12. 先生：風邪は 治りましたか。
   キム：ええ、ゆっくり 休みましたから、_____。
   a．元気にします　　　b．元気になりました
   c．元気がなりました　d．元気くしました

III 一つの文に しましょう。
　　　　　（文のかたちは 一つではありません。）　　　（3点）

例：この小説は むずかしいです。でも、この小説は おもしろいです。
　　<u>この小説は むずかしいですが、おもしろいです。</u>

1. 歯を みがきます。それから、顔を 洗います。
   _____

2. きのう 宿題を しませんでした。学校へ 行きました。
   _____

3. あの店は 料理が おいしいです。そして 店員が 親切です。
   _____

4. ボタンを 押しません。動きませんよ。
   _____

5. 毎年、春になります。いつも、桜の花が 咲きます。
   _____

6. 辞書を 使いません。作文を 書いてください。
   _____

7. こちらは 母です。あちらは おばです。
   _____

Ⅳ 文を 書きましょう。 （3点）

例：山田さん → （プレゼント） → 田中さん
　　山田さんは 田中さんに プレゼントを あげました。

1. リーさん → （ 花 ） → ワンさん
　　ワンさんは _____

2. ワンさん → （料理を 作ります） → 私
　　ワンさんは _____

3. キムさん → （韓国語を 教えます） → エミさん
　　エミさんは _____

4. わたし → （キムさんの部屋を 掃除します） → キムさん
　　わたしは _____

5. 大学 → （しょう学金） → リーさん
　　リーさんは _____

Ⅴ どれが いいですか。 ア〜ケ を ____に 書きましょう。（3点）

（みどりさんと スタットさんは 居酒屋に 行きました。）

店員　：___ア___。 何名様ですか。
みどり：2人です。
店員　：こちらへ①_____。

（二人はすわりました。今 メニューを 見ています。）

店員　　：ご注文は お決まりでしょうか。
スタット：はい、私はワインを 飲みます。
　　　　　みどりさんは②_____。
みどり　：どうしようかな…。では、私はビール③_____。
店員　　：④_____。

```
ア．いらっしゃいませ    イ．にします       ウ．をします
エ．何をしますか        オ．何にしますか   カ．何ですか
キ．かしこまりました    ク．どうぞ         ケ．お決まりですか
```

第16課（練習1）

もんだいⅠ 例を見て 書きましょう。

例：取ります	取った	6. 慣れます	
1. 逃げます		7. 集めます	
2. おどろきます		8. 寝ます	
3. 返します		9. 復習します	
4. 洗います		10. 結婚します	
5. みがきます		11. 来ます	

もんだいⅡ 例を見て 書きましょう。

例：沖縄へ 行きます。　→　沖縄へ 行ったことが あります。

1. なっとうを 食べます。→ _____
2. 着物を 着ます。 → _____
3. 相撲を 見ます。 → _____
4. 新幹線に 乗ります。 → _____

もんだいⅢ 例を見て 書きましょう。

例：A：今夜 何を しますか。（宿題をします ・ ゲームをします）
　　B：宿題を したり、ゲームを したりします。

1. A：ゆうべ 何を しましたか。（勉強します ・ テレビを見ます）
　　B：_____

2. A：日曜日は いつも 何を していますか。（買物します ・ 犬と散歩します）
　　B：_____

3. A：日本で 何が したいですか。（歌舞伎を見ます ・ すしを食べます）
　　B：_____

4. A：休みの日に 何を しなければなりませんか。
　　　（掃除します ・ 洗濯します）
　　B：_____

もんだいIV 例を見て 書きましょう。

例：教室の 電気をつけます。・帰りました。
→ 教室の電気をつけたまま、帰りました。

1. 時計が 止まります。・動きません。
→ _____

2. 帽子を かぶります。・教室に 入らないでください。
→ _____

3. いすに 座ります。・寝ています。
→ _____

4. ここに ゴミを 置きます。・帰らないでください。
→ _____

5. ボールを 持ちます。・歩かないでください。
→ _____

もんだいV 例を見て 書きましょう。

例：晩ご飯を 食べます。・おふろに 入ります。
→ 晩ご飯を食べたあとで、おふろに 入ります。

1. 部屋を 片付けます。・電話を かけます。
→ _____

2. 食事です。・アイスクリームを 食べます。
→ _____

3. 掃除を します。・出かけます。
→ _____

4. ジュースを 飲みます。・コップを 洗います。
→ _____

5. 授業です。・コンサートに 行きます。
→ _____

6. テストが 終わります。・漢字の読み方を 思い出しました。
→ _____

第16課

第16課（練習2）

もんだいⅠ 例を見て 書きましょう。

行きます		行った		
来ます	来て			
書きます			書かない	
閉めます	閉めて			
食事します				食事する

もんだいⅡ 例を見て 書きましょう。

例：あなたは、海で 魚を<u>釣ったり</u>、<u>泳いだり</u>したことが ありますか。

1. 教室で、たばこを_____り、お酒を_____りしては いけません。
2. もうすぐ 昼ご飯だから、おかしを_____ほうが いいです。
3. ここで 靴を脱いでください。_____まま、部屋に _____ないでください。
4. この映画は 一度も _____ことが ありません。
5. A：京都へ _____ことが ありますか。
   B：はい、去年 行きました。お寺の写真を_____り、おみやげを _____りしました。

```
釣ります   泳ぎます   見ます   入ります   行きます   撮ります
吸います   食べます   飲みます   はきます   買います
```

もんだいⅢ 文を 書きましょう。

例：山・登ります　→A：<u>山に登ったことがありますか。</u>
　　　　　　　　　　B：はい、<u>あります。</u>／いいえ、<u>ありません。</u>

1. 花火・見ます　→A：_____
　　　　　　　　　B：はい、_____
2. 動物園・行きます　→A：_____
　　　　　　　　　　　B：いいえ、_____

もんだいIV 文を 書きましょう。

例：あとで／電話します／おふろ／入った／に
　　おふろ に 入った あとで 電話します。

1. こと／が／わたし／馬／は／に／乗った／あります
　　_____

2. 帰らないで／電気／つけた／ください／まま／を
　　_____

3. ケーキ／します／ピアノ／を／を／は／焼いたり／週末／弾いたり
　　_____

もんだいV （　）に ひらがなを 書いて 質問に 答えましょう。

| リーさんの話 | わたしの夢は 日本語の先生（ に ） なる ことです。日本語学校を 卒業したあと（　　）、日本の大学に 行きたいです。 |

| ビルさんの話 | わたしは 毎晩 コンビニ（　　） お弁当を 買ったり ファミリーレストラン（　　） 食べたり しています。とても お金が かかります。 |

| パクさんの話 | わたしは 窓を 開けたまま 会社へ 行ったことが あります。きのうは さいふを 忘れたまま デパートへ 買い物を し（　　） 行きました。 |

| スタットさんの話 | 休みは 公園で サッカーを したり ジムで トレーニングを したりします。あしたは 仕事が 終わってから 友だちと 野球の試合を 見（　　） 行きます。 |

1. リーさんは どこの大学に 行きたいですか。
　　_____

2. 忘れ物が 多いのは どちら ですか。　（ ビルさん ／ パクさん ）

3. スタットさんは 休みに 何を しますか。

もんだいVI 文を 書きましょう。

1. どうして 日本へ 来ましたか。_____から、日本へ 来ました。
2. 日曜日は 何を しますか。_____り、_____り します。

第17課（練習1）

もんだいI 例を見て 書きましょう。

例：あした 買物に行きます。　　　あした買物に行く。

1. 日本語の勉強を 続けます。　　　_____
2. もう 切符を買いました。　　　_____
3. ワンさんは まだ 来ません。　　　_____
4. わたしは 何も 知りません。　　　_____
5. このチョコレートは 甘いです。　　　_____
6. あの映画は 面白かったです。　　　_____
7. 外は 寒くないです。　　　_____
8. この荷物は 重くなかったです。　　　_____
9. ワンさんは ハンサムです。　　　_____
10. お寺は 静かでした。　　　_____
11. ここは 危険ではありません。　　　_____
12. パーティーは にぎやかではありませんでした。

    _____

13. きょうは 雨です。　　　_____
14. これは お酒ではありません。　　　_____
15. 先週は ずっと くもりでした。　　　_____
16. これは 難しいテストではありませんでした。

    _____

17. 花火を見に 行きたいです。　　　_____
18. 週末は 部屋を掃除したり、料理をしたりします。

    _____

19. テーブルの上のおかしを 食べてもいいですか。

    _____

20. わたしは 母を 手伝わなければなりませんでした。

    _____

もんだいⅡ 文を 書きましょう。

例：キムさん「あした仕事があります。」
　　キムさんは あした仕事があると 言いました。

1. 道子さん「今夜は ご飯を食べに 行きます。」
　　_____

2. ワンさん「休みの日は ゆっくり 寝たいです。」
　　_____

3. カルロスさん「もっと ダンスの練習を しなければなりません。」
　　_____

もんだいⅢ 例を見て 書きましょう。

例：あした 雨が降ります。　　　　あした 雨が降ると 思います。

1. 彼は 約束を守ります。　　　　_____
2. 今井さんは もう 引越しました。　_____
3. 道子さんは 歌が上手です。　　　_____
4. ここは 10年前は 病院でした。　 _____
5. 道子さんは とても きれいです。 _____

もんだいⅣ 例を見て 書きましょう。

例：あした 雨が降ります。
　　あした 雨が降るでしょう。／あした 雨が降るだろう。

1. 来週 桜が咲きます。
　　_____／_____

2. きっと 大丈夫です。
　　_____／_____

3. 今晩は 星が美しいです。
　　_____／_____

第17課

第17課（練習2）

もんだいI 例を見て 書きましょう。

例： A：あした 散歩しますか。　　　　B：はい、します。／いいえ、しません。
　　A：あした散歩する？　　　　　　　B：うん、する。／ううん、しない。

1. A：夏休み、国へ帰りますか。　　　B：はい、帰ります。
　 A：_____？　　　B：_____

2. A：林さんを 知っていますか。　　B：いいえ、知りません。
　 A：_____？　　　B：_____

3. A：あなたの部屋は 広いですか。　　B：いいえ、広くないです。
　 A：_____？　　　B：_____

4. A：日本の生活は 大変ですか。　　B：いいえ、大変ではありません。
　 A：_____？　　　B：_____

5. A：あなたは 学生ですか。　　　　B：はい、学生です。
　 A：_____？　　　B：_____

もんだいII 例を見て 書きましょう。

例：キムさん「きっと合格するでしょう。」
　　キムさんは きっと 合格するだろうと 言いました。

1. パクさん「寒いから 雪が降るでしょう。」
　 _____

2. スタットさん「あしたの会議は 長い時間がかかるでしょう。」
　 _____

3. キムさんのお姉さん「仕事が早く終わったら、パーティーに 行くでしょう。」
　 _____

4. 田中さん「ワンさんは 一生懸命 勉強しているから、大丈夫でしょう。」
　 _____

5. カルロスさん「あしたは サッカーの 試合が あるでしょう。」
　 _____

6. リーさん「そのゲームは 人気があるから、もう 売ってないでしょう。」
　 _____

もんだいIII 文を 読んで 答えましょう。

> 「きのうの 晩ご飯」　　　　　　　　　　　　キム　ミヨン
>
> 　わたしは 日本に来てから ずっと木村さんと いっしょに 住んでいましたが、部屋が すこし せまかったから、先月 引越しました。
> 　木村さんと 住んでいた 部屋から 学校まで 30分かかりました。今の部屋は、10分です。駅も 近くなって 便利です。
> 　でも 一人になって さびしくなりました。一人で 晩ご飯を 作って 食べても、おいしくありませんでした。
> 　きのう、木村さんが 学校の友だちと 5人で 遊びに 来てくれました。みんなで いっしょに 晩ご飯を 作って 食べました。とても 楽しかったです。友だちと いっしょに ご飯を食べると とても おいしいと 思いました。

○か ×を 書きましょう。

1. （　　　）キムさんは 木村さんと いっしょに 住んでいる。
2. （　　　）部屋は せまかったけど 引越さなかった。
3. （　　　）引越して 学校まで 近くなった。
4. （　　　）キムさんは 一人になって さびしくなくなった。
5. （　　　）きのう 友だちが 6人で 遊びに 来た。
6. （　　　）一人で ご飯を食べると おいしくない。

もんだいIV 文を 書きましょう。

1. 日本の若い人たちを どう 思いますか。
   _____
2. 日本の料理を どう 思いますか。
   _____
3. 最近のテレビを どう 思いますか。
   _____
4. 携帯電話のマナーを どう 思いますか。
   _____

第18課（練習1）

もんだいⅠ 絵を見て 答えましょう。

例 みどり　(1) ワン　(2) スタット　(3) カルロス　(4) ビル　(5) キム　(6) 道子

例： 料理を作っている人は みどりさんです。

1. _____
2. _____
3. _____
4. _____
5. _____
6. _____

もんだいⅡ 例を見て 書きましょう。

例： (絵) ビルさんが かきました。　　これは ビルさんがかいた絵です。

1. (映画) わたしが 好きです。　　これは _____
2. (会社) わたしが 働いています。　ここは _____
3. (おみやげ) ソウルで 買いました。 これは _____

もんだいⅢ 正しいほうに ○を つけて ____に ことばを 書いて
（ ）に ひらがなを 書きましょう。

例：行きます→ 会社 { ㊀・を } 行く まえに、病院（へ）行きます。

1. 登ります→ 山　 { に・は } _____まえに、地図（　）買いました。
2. 出ます　→ うち { へ・を } _____まえに、かぎ（　）閉めましたか。
3. 質問します→先生 { の・に } _____まえに、
　　　　　　　　　　　　　　　もう一度 問題（　）考えます。

もんだいⅣ 例を見て　書きましょう。

例：その牛乳は　古いです。・捨てます。
　→　その牛乳は　古いから　捨てたほうが　いいです。

1. もう　遅いです。・早く帰ります。
　→ ＿＿＿＿＿＿＿＿＿＿＿＿＿＿＿＿＿＿＿＿＿＿＿＿

2. この水は　きたないです。・飲みません。
　→ ＿＿＿＿＿＿＿＿＿＿＿＿＿＿＿＿＿＿＿＿＿＿＿＿

3. これは　高いです。・買いません。
　→ ＿＿＿＿＿＿＿＿＿＿＿＿＿＿＿＿＿＿＿＿＿＿＿＿

4. あそこに　インフォメーションがあります。・最初に　行きます。
　→ ＿＿＿＿＿＿＿＿＿＿＿＿＿＿＿＿＿＿＿＿＿＿＿＿

もんだいⅤ 例を見て　書きましょう。

例：会社へ行きます。　　　　会社へ行くとき　　、スーツを着ます。
　　会社へ行きました。　　　会社へ行ったとき　、その話を聞きました。

1. デパートへ行きました。　＿＿＿＿＿＿＿＿、キムさんに会いました。
2. ジュースを飲みます。　　＿＿＿＿＿＿＿＿、ストローを使います。
3. ビルさんに会いました。　＿＿＿＿＿＿＿＿、プリントを渡します。
4. お酒を飲みました。　　　＿＿＿＿＿＿＿＿、おいしいと思いました。
5. うちへ帰りました。　　　＿＿＿＿＿＿＿＿、「ただいま。」と言います。
6. パソコンが動きません。　＿＿＿＿＿＿＿＿、再起動します。
7. 桜を見に行きました。　　＿＿＿＿＿＿＿＿、
　　　　　　　　　　　　　まだ　満開ではありませんでした。
8. 手紙が来ません。
　＿＿＿＿＿＿＿＿＿＿＿＿＿、郵便局の人に　調べてもらいます。
9. よく　わかりませんでした。
　＿＿＿＿＿＿＿＿＿＿＿＿＿、先生に　聞いてください。
10. 忘れ物を思い出しました。
　＿＿＿＿＿＿＿＿＿＿＿＿＿、大きい声で「ああっ」と言いました。

第18課

第18課（練習2）

もんだいⅠ 文を 書きましょう。

例：テスト／今夜／も／が／勉強します／あります／から
→ もうすぐ　テストが　ありますから　今夜も　勉強します。

1. いけません／危ないです／から／泳いでは
→ ここは＿＿＿＿＿＿＿＿＿＿＿＿＿＿＿＿＿＿＿＿＿＿＿

2. 時間／急がなくても／あります／から／が／かまいません
→ まだ＿＿＿＿＿＿＿＿＿＿＿＿＿＿＿＿＿＿＿＿＿＿＿

3. の／サッカー／早く／が／帰ります／試合／あります／から
→ 今日は＿＿＿＿＿＿＿＿＿＿＿＿＿＿＿＿＿＿＿＿＿＿

もんだいⅡ 例を見て 書きましょう。

例：ワインを　飲みました。・山田先生に　もらいました。
　　山田先生にもらったワインを　飲みました。

1. 人は　あちらで　買ってください。・チケットを　持っていません。
＿＿＿＿＿＿＿＿＿＿＿＿＿＿＿＿＿＿＿＿＿＿＿＿＿＿

2. 約束を　しました。・日曜日に　友だちと　食事をします。
＿＿＿＿＿＿＿＿＿＿＿＿＿＿＿＿＿＿＿＿＿＿＿＿＿＿

3. ところは　神戸です。・わたしの姉が　住んでいます。
＿＿＿＿＿＿＿＿＿＿＿＿＿＿＿＿＿＿＿＿＿＿＿＿＿＿

もんだいⅢ どちらが　いいですか。　○を　書きましょう。

例：ご飯を { (食べる)・食べた } とき、「いただきます。」と　言います。
　　ご飯を { 食べる・(食べた) } とき、「ごちそうさま。」と　言いました。

1. 旅行へ { 行く・行った } とき、そこで　桜を見ました。
2. 学校へ { 行く・行った } とき、学生証を　忘れないでください。
3. うちへ { 帰る・帰った } とき、母に　花を買います。

もんだいⅣ 例を見て 書きましょう。

例：＿＿地震の＿＿とき、机の下に 入りましょう。

1. ＿＿＿＿＿＿＿＿、うちへ 来てください。
2. ＿＿＿＿＿＿＿＿、電気を つけてください
3. ＿＿＿＿＿＿＿＿、初めて ワンさんに 会いました。
4. ＿＿＿＿＿＿＿＿、資料を 準備します。
5. 頭が＿＿＿＿＿＿、ゆっくり 寝たほうがいいです。

> 地震です
> 痛いです
> 会議です
> ひまです
> 暗いです
> 入学式です

もんだいⅤ 文を読んで 答えましょう。

> 「佐藤さんの話」
> A：わたしは 18歳のとき、結婚しました。結婚したあとで、「大学へ 行ったほうがいいですよ」と 主人が 言ってくれました。
> B：大学に合格したとき、主人は「よかったね」と 言ってくれました。
> C：それから 毎日、主人が 起きるまえに 受験勉強を しました。主人が 会社へ 行ったあとで、洗濯をしたり、料理をしたりしながら、また 勉強しました。
> D：わたしは 結婚するまえに 大学へ 行かなくても かまわないと 思っていました。でも、主人の言葉を 聞いて、大学で 勉強したく なりました。

正しいのは どれですか。○を 書きましょう。
  1．A→C→D→B 2．A→D→B→C
  3．A→D→C→B 4．A→C→B→D

もんだいⅥ 文を 書きましょう。

1．いつも 寝るまえに 何をしますか。

＿＿＿＿＿＿＿＿＿＿＿＿＿＿＿＿＿＿＿＿＿＿

2．あなたが 一番好きな映画は 何ですか。

＿＿＿＿＿＿＿＿＿＿＿＿＿＿＿＿＿＿＿＿＿＿

3．国へ帰ったとき、何をしたいですか。

＿＿＿＿＿＿＿＿＿＿＿＿＿＿＿＿＿＿＿＿＿＿

第18課

第19課 (練習1)

もんだいⅠ 正しいものに 線を 書いて、_____に 文を 書きましょう。

例：電車が 遅れました。　———　待ち合わせに 遅刻しました。

1. ニュースを 見ました。　・　　　・たくさん 遊びました。
2. 雪が 降りました。　　　・　　　・自分で 勉強しました。
3. 友だちが 来ました。　　・　　　・その事件を 知りました。
4. 頭が 痛いです。　　　　・　　　・すべりやすく なりました。
5. 問題集を 買いました。　・　　　・薬を 飲みました。

↓

例：電車が遅れて 待ち合わせに 遅刻しました。

1. _____
2. _____
3. _____
4. _____
5. _____

もんだいⅡ 例を見て 書きましょう。

例：誰に 聞いたら、わかりますか。

1. 時間が _____、旅行に 行きたいです。
2. 天気が _____、公園へ 行きませんか。
3. _____、アメリカへ 留学したいです。
4. _____、全部 食べなくてもいいです。
5. 午後、_____、手伝ってください。
6. あしたの試合に _____、優勝です。
7. 仕事が _____、居酒屋へ 来てください。

聞きます　　いいです　　あります　　卒業します
勝ちます　　おいしくないです　　ひまです　　終わります

もんだいⅢ 例を見て 書きましょう。

例：ないです→お金が <u>なくても</u>、楽しいです。

1. 走ります→今から ＿＿＿＿＿＿＿、もう 間に合いません。
2. 台風です→ ＿＿＿＿＿＿＿、電車は走っています。
3. あります→熱が ＿＿＿＿＿＿＿、会社へ行きます。
4. 着ます→上着を ＿＿＿＿＿＿＿、まだ 寒いです。
5. 下手です→ ＿＿＿＿＿＿＿、一生懸命 作りました。
6. 掃除します→部屋を ＿＿＿＿＿＿＿、あまり きれいになりません。

もんだいⅣ 例を見て 書きましょう。

例：安いです・買います

　　A：<u>安かったら、買いますか。</u>
　　B：いいえ、<u>安くても、買いません。</u>

1. 急ぎます・間に合います

　　A：＿＿＿＿＿＿＿＿＿＿＿＿＿＿＿＿＿＿
　　B：いいえ、＿＿＿＿＿＿＿＿＿＿＿＿＿＿

2. 雨です・休みます

　　A：＿＿＿＿＿＿＿＿＿＿＿＿＿＿＿＿＿＿
　　B：いいえ、＿＿＿＿＿＿＿＿＿＿＿＿＿＿

3. 時間があります・映画を見ます

　　A：＿＿＿＿＿＿＿＿＿＿＿＿＿＿＿＿＿＿
　　B：いいえ、＿＿＿＿＿＿＿＿＿＿＿＿＿＿

4. 今井さんに聞きます・わかります

　　A：＿＿＿＿＿＿＿＿＿＿＿＿＿＿＿＿＿＿
　　B：いいえ、＿＿＿＿＿＿＿＿＿＿＿＿＿＿

5. 元気です・出かけます

　　A：＿＿＿＿＿＿＿＿＿＿＿＿＿＿＿＿＿＿
　　B：いいえ、＿＿＿＿＿＿＿＿＿＿＿＿＿＿

6. 高いです・買いません

　　A：＿＿＿＿＿＿＿＿＿＿＿＿＿＿＿＿＿＿
　　B：いいえ、＿＿＿＿＿＿＿＿＿＿＿＿＿＿

第19課

第19課（練習2）

もんだいⅠ 例を見て　書きましょう。

例：風邪を引きました。・学校を休みました。
→ <u>風邪を引いて、学校を休みました。</u>

1. 熱が出ました。・病院へ行きました。
→ _____

2. ドラマを見ました。・英語を勉強しました。
→ _____

3. ジョギングをしました。・足が痛くなりました。
→ _____

もんだいⅡ 例を見て　書きましょう。

例：このプリンターは　（色がきれいです・操作が簡単です）
このプリンターは　<u>色もきれいだし、操作も簡単だから、</u>よく売れています。

1. サッカーの練習は　（量が多いです・時間が長いです）
サッカーの練習は　_____ 大変です。

2. このテキストは　（見やすいです・わかりやすいです）
このテキストは　_____ いいです。

3. マンガ喫茶は　（雑誌を読むことができます・ネットをすることができます）
マンガ喫茶は　_____ よく行きます。

もんだいⅢ 例を見て　書きましょう。

例：安いです　→<u>安かったら</u>、買います。
　　　　　　　　<u>安くても</u>、買いません。

1. 降ります　→雨が _____、試合があります。
2. わかります　→ _____、手をあげてください。
3. 走りません　→ _____、間に合いますよ。

もんだいIV 文を読んで 答えましょう。

「おいしい ビーフステーキの 作り方」

材料（1人前）

```
牛肉：１５０ｇ　バター：大さじ１（焼くとき）　大さじ２（ソース用）
ケチャップ：大さじ１　ソース：大さじ１　塩、コショウ：少々
```

作り方

A：牛肉に 塩とコショウを します。

B：バターが 溶けたら、フライパンに 肉を入れて 2、3分 焼いてください。

C：肉が 焼けたら、ステーキのソースを 作ります。フライパンから 肉を出して、バターと ケチャップと ソースを入れて 温めます。

D：肉の 反対側も 強い火で 2、3分 焼きます。それから、火を 弱くして 3、4分 焼きます。

E：フライパンに バターを 入れて、弱い火で バターを 溶かします。

F：温めたソースを 焼いた肉に かけて できあがりです。

正しいのはどれですか。　○を書きましょう。

1　A→（B→C→E→D）→F　　2　A→（E→B→D→C）→F

3　A→（D→E→B→C）→F　　4　A→（E→D→C→B）→F

もんだいV 文を 書きましょう。

1．音楽を 聞きながら、何をしますか。

_____

2．お金が あったら、何をしたいですか。

_____

3．毎晩 晩ご飯を 食べてから、何をしますか。

_____

第19課

第20課（練習1）

もんだいⅠ 例を見て 書きましょう。

例：窓を開けます。 → 窓が開きます。 → 窓が開いています。

1. 火をつけます。 → _____ → _____
2. 車を止めます。 → _____ → _____
3. 皿を割ります。 → _____ → _____

もんだいⅡ 例を見て 書きましょう。

例：窓が開きます。 → 窓を開けます。 → 窓が開けてあります。

1. 電気が消えます。 → _____ → _____
2. 服が乾きます。 → _____ → _____
3. ドアが閉まります。 → _____ → _____
4. ひもが切れます。 → _____ → _____

もんだいⅢ 絵を見て 答えましょう。

例：ドアが＿＿閉まって＿＿います。

1. ドアのかぎが＿＿＿＿＿＿＿＿＿います。
2. 電気が＿＿＿＿＿＿＿＿＿＿＿＿います。
3. かさが ＿＿＿＿＿＿＿＿＿＿＿います。
4. まどが ＿＿＿＿＿＿＿＿＿＿＿います。

もんだいⅣ どちらが いいですか。 ○を 書きましょう。

例：電気が ついて { (います)・あります }。

1．このおかしには、おまけが つけて { います・あります }。
2．ケーキが 焼けて { います・あります }。
3．会議の資料が ならべて { います・あります }か。
4．冷蔵庫に ビールが冷やして { いる・ある }から、
　　　　　　　　　　　　　　　　いつでも 飲んでいいよ。
5．家の前に トラックが止まって { いる・ある }ね。
6．ストーブの火が 消して { います・あります }。
7．洗濯物が まだ 乾いて { いません・ありません }。
8．ゴミが 外に出して { います・あります }。

もんだいⅤ 例を見て 書きましょう。

例：明るいです → 明るくします

1．きれいです →＿＿＿＿＿＿＿　2．小さいです →＿＿＿＿＿＿＿
3．いいです →＿＿＿＿＿＿＿　4．静かです →＿＿＿＿＿＿＿
5．早いです →＿＿＿＿＿＿＿　6．暗いです →＿＿＿＿＿＿＿
7．大切です →＿＿＿＿＿＿＿　8．難しいです →＿＿＿＿＿＿＿
9．まじめです →＿＿＿＿＿＿＿

もんだいⅥ 文を 書きましょう。

例：部屋が 暗いです。　→ 部屋を 明るくして ください。

1．うるさいです。　→＿＿＿＿＿＿＿＿＿ ください。
2．起きる時間が 遅いです。　→＿＿＿＿＿＿＿＿＿ ください。
3．教室が きたないです。　→＿＿＿＿＿＿＿＿＿ ください。
4．ラジオの音が 大きいです。　→＿＿＿＿＿＿＿＿＿ ください。
5．音が 悪いです。　→＿＿＿＿＿＿＿＿＿ ください。
6．試験が 難しいです。　→＿＿＿＿＿＿＿＿＿ ください。
7．字が 小さいです。　→＿＿＿＿＿＿＿＿＿ ください。

第20課

第20課（練習2）

もんだいⅠ ひらがなを 書きましょう。

例：ドア（ を ） 開けます。

1. 今朝、クリスマスプレゼント（　　） 届きました。
2. 早く 病気（　　） 治したいです。
3. わたしは 毎朝、弟（　　） 起こします。
4. ひも（　　）切れて、かばん（　　） こわれました。
5. テーブルの上（　　） 汚れました。
6. 階段から落ちて、足の骨（　　） 折りました。

もんだいⅡ 文を 書きましょう。

例： A：パーティーのお金は 一人1000円です。もう 集めましたか。
　　 B：はい、もう <u>集めてあります</u>。

1. A：卒業後の進路、もう 決めましたか。
　　 B：はい、もう ＿＿＿＿＿＿＿。大学へ行こうと 思っています。
2. A：あの資料、もう 戻しましたか。
　　 B：はい、＿＿＿＿＿＿＿。
3. A：おなかすいた。ごはん、作った？
　　 B：うん、もう ＿＿＿＿＿＿＿。もうすぐ 晩ご飯よ。

もんだいⅢ 例を見て 書きましょう。

例： 閉める →ドアが <u>閉めて あります。</u>
　　 閉まる →ドアが <u>閉まって います。</u>

1. 開ける →窓が ＿＿＿＿＿＿＿
2. 汚れる →手が ＿＿＿＿＿＿＿
3. 置く →手帳が ＿＿＿＿＿＿＿
4. 続く →会議が ＿＿＿＿＿＿＿

もんだいⅣ 文を 書きましょう。

例：窓が <u>開いています</u>。閉めてください。

1. 電気が ＿＿＿＿＿＿＿＿＿＿＿＿。明るいです。
2. 財布が ＿＿＿＿＿＿＿＿＿＿＿＿。だれのでしょう。
3. ドアが ＿＿＿＿＿＿＿＿＿＿＿＿。部屋に入ることが できません。
4. 洗濯物が ＿＿＿＿＿＿＿＿＿＿＿＿。いい天気でした。
5. テレビが ＿＿＿＿＿＿＿＿＿＿＿＿。見ることが できません。

もんだいⅤ 文を読んで 答えましょう。

道子さんへ
　ひさしぶりです。元気ですか。僕は今月から 家族とはなれて、東京で 一人暮らしを （1）。来月から 大学が （2）。大学が （3）前に、部屋を片付けて、たまったゴミを捨てて、家でも 勉強できる準備を しなければ なりません。
　きのう、母から 荷物が届きました。その中に 中学生のときのアルバムが 入れて （4）。アルバムの中に、体育祭の写真と、修学旅行で 京都へ 行ったときの 写真も 入って （5）。
　アルバムを見ていたら、昔を思い出しました。だから、みんな元気かなと 思ってメールをしました。
　それでは、体に気をつけてください。
　　　　　　　　　　　　　　　　　また メールします！　　山田

1. どちらが いいですか。 ＿＿＿ に 書きましょう。
   （1） 始めました。／ 始まりました。　→ ＿＿＿＿＿＿＿＿
   （2） 始めます。／ 始まります。　→ ＿＿＿＿＿＿＿＿
   （3） 始まる ／ 始める　→ ＿＿＿＿＿＿＿＿
   （4） いました。／ ありました。　→ ＿＿＿＿＿＿＿＿
   （5） いました。／ ありました。　→ ＿＿＿＿＿＿＿＿
2. お母さんは 荷物に 何を入れましたか。
   ＿＿＿＿＿＿＿＿＿＿＿＿＿＿＿＿＿＿＿＿＿＿＿＿＿＿

もんだいⅥ 「～ています」と「～てあります」を使って 文を 書きましょう。

1. ＿＿＿＿＿＿＿＿＿＿＿＿＿＿＿＿＿＿＿＿＿＿＿＿
2. ＿＿＿＿＿＿＿＿＿＿＿＿＿＿＿＿＿＿＿＿＿＿＿＿

第20課

復習テスト（４）　　得点　　／１００

I ひらがなを　書きましょう。　　　　　　　　　　　（１点）

例：ワンさん（　は　）　学生です。

1. 事故（　　）、電車が　遅れました。
2. 木（　　）　たおれています。
3. 暑いですから、まど（　　）　あけてください。
4. コーヒー（　　）　しますか。紅茶（　　）　しますか。
5. キムさん（　　）　わたし（　　）　韓国語（　　）　教えてくれました。
6. このボタンをおす（　　）、きっぷがでます。
7. 部屋（　　）　明るくしました。

は　が　を　と　に　で

II 一つの文に　しましょう。
（文のかたちは　一つではありません。）　　　　（２点）

例：サッカーが　好きです。日本のユニフォームを　買いました。
　　＿＿サッカーが　好きですから、日本のユニフォームを　買いました＿＿。

1. 彼は親切です。頭もいいです。すてきな人です。
　＿＿＿＿＿＿＿＿し、＿＿＿＿＿＿し、＿＿＿＿＿＿＿＿＿＿。
2. キムさん：「あした　仕事があります。」
　キムさんは＿＿＿＿＿＿＿＿＿＿＿＿＿＿＿＿＿＿＿＿＿言いました。
3. これは写真です。去年、大阪で　撮りました。
　これは＿＿＿＿＿＿＿＿＿＿＿＿＿＿＿＿＿＿＿＿＿写真です。
4. わたしは　ワインを飲みました。パクさんに　もらいました。
　わたしは＿＿＿＿＿＿＿＿＿＿＿＿＿＿＿＿＿＿＿＿＿飲みました。
5. 東京ドームへ　行きました。友だちと　野球を見ました。
　東京ドームへ＿＿＿＿＿＿＿＿＿＿＿＿＿＿＿＿＿に　行きました。
6. あそこに　女の人がいます。大きいかばんを　持っています。
　あそこに＿＿＿＿＿＿＿＿＿＿＿＿＿＿＿＿＿＿＿女の人がいます。

Ⅲ 例を見て 書きましょう。　　　　　　　　　　　　　　　　（2点）

例：（飲みます）　いっしょに コーヒーを ＿＿飲みませんか＿＿。
1．（登ります）　富士山に ＿＿＿＿＿＿＿＿ ことがあります。
2．（有名です）　あの絵は ＿＿＿＿＿＿＿＿ と思います。
3．（かけます）　壁に カレンダーが ＿＿＿＿＿＿＿＿ あります。
4．（帰ります）　うちへ ＿＿＿＿＿＿＿＿ まえに、スーパーで 買物しました。
5．（いいです）　あしたは 天気が ＿＿＿＿＿＿＿＿ でしょう。
6．（好きです）　山田先生は、サッカーが ＿＿＿＿＿＿＿＿ と言いました。
7．（勉強します）　＿＿＿＿＿＿＿＿ あとで、音楽を 聞きました。
8．（きれいです）　部屋が きたないですから、＿＿＿＿＿＿＿＿ します。

Ⅳ どれが いいですか。　＿＿＿に 書きましょう。　　　　　（2点）

例：A：スタットさんは 会社員ですか。
　　B：＿b＿
　　　a．いいえ、学生ではありません。　　b．はい、そうです。
　　　c．はい、会社員ではありません。　　d．はい、学生です。
1．A：きのうは何をしましたか。
　　B：＿＿＿＿
　　　a．映画を見に行きます。　　b．新しいデパートへ行ったことがあります。
　　　c．音楽を聞いたり、テレビを見たりしました。　　d．友だちと食事したいです。
2．A：頭が いたいです。
　　B：じゃあ、＿＿＿＿
　　　a．薬をのみます。　　b．薬をのんだほうがいいです。
　　　c．薬をのまなくてもいいです。　　d．薬をのまないほうがいいです。
3．キム：きのう 休みだった？
　　ワン：＿＿＿＿
　　　a．はい、休みました。　　b．いいえ、休みではありません。
　　　c．うん、休んだ。　　d．ううん、休みじゃなかった。
4．A：ここで写真を撮ってもいいですか。
　　B：＿＿＿＿
　　　a．いいえ、撮らないでください。　　b．はい、撮らなくてもいいです。
　　　c．はい、撮ることがあります。　　d．いいえ、撮りません。

5．A：今日レポートを出さなければなりませんか。

B：_____
　　a．はい、出します。　　　　　b．今日出さないでください。
　　c．今日出さなくてもいいですよ。　d．いいえ、出しません。

V （　）に ことばを 書きましょう。　　　　　　（2点）

例：A：（ なにを ） 食べますか。

　　B：パンを食べます。

1．A：（　　　　　）　日本へ　来ましたか。

　　B：ひとりで　来ました。

2．A：学校の中に　（　　　　　）いますか。

　　B：はい、います。

　　A：（　　　　　）いますか。

　　B：山田先生が　います。

3．A：ニューヨークから　東京まで　飛行機で　（　　　　　）　かかりますか。

　　B：12時間半ぐらい　かかります。

4．A：これは　（　　　　　）カメラですか。

　　B：日本の　カメラです。

5．A：サッカーと　野球と　（　　　　　）　おもしろいですか。

　　B：サッカーのほうが　おもしろいです。

6．A：季節の中で　（　　　　　）が　一番　好きですか。

　　B：夏が　好きです。

7．A：机の中に　何か　ありますか。

　　B：いいえ、（　　　　　）ありません。

VI どれが いいですか。○を 書きましょう。　　　　（1点）

例：ワンさんが　{ ⓗはしって・はしる・はしらない }　います。

1．{ 風邪をひいて・ご飯をたべないで・元気で }　学校を　休みました。

2．{ 電気をつけても・電気をつけないで・電気をつけたまま }　うちを出ました。

3．{ 食事のあとで・食事のとき・食事で }　勉強しました。

4．ビルさんは　あしたのパーティーに　{ 来た・来る・来ます }　でしょう。

5. 値段が { 高かったら・高くても・高いでも } 買いません。
6. 学校へ { 行く・行った・行きます } とき、教室で ビルさんに 会いました。
7. { 休みなとき・休みのとき・休みとき }、テレビで サッカーを 見ました。
8. 熱が { あったら・あっても・あると }、休まないで 学校へ 行きます。
9. お茶を { 飲むと・飲まないと・飲みながら }、話しましょう。
10. 砂糖を { いれないで・いれないと・いれると }、あまくなります。

Ⅶ （ ）に ことばを 書きましょう。　　　　　　　　　　（2点）

例：もう少し （ ゆっくり ） 話してください。

1. あした （　　　　　） 雨が 降るでしょう。
2. アルバイトが ありますから、終わったら （　　　　　） 帰ります。
3. 毎日 練習して、日本語の 発音が （　　　　　） よくなりました。
4. （　　　　　） キムさんから、電話が ありました。

> ゆっくり　すぐに　さっき　まだまだ　だんだん　たぶん

Ⅷ 例を 見て 書きましょう。　　　　　　　　　　　　　（3点）

例：ガラスが ＿われています＿。／ ドアが ＿開けてあります＿。

1. A：旅行の準備は 終わりましたか。
   B：はい、この 大きいかばんの中に 全部 ＿＿＿＿＿＿＿＿あります。
   A：そうですか。カメラも 入れましたか。
   B：はい。おかしや ジュースも たくさん ＿＿＿＿＿＿＿＿いますよ。
2. A：机の下に ノートが ＿＿＿＿＿＿＿＿いますよ。
   B：だれのノートですか…。ここに 名前が ＿＿＿＿＿＿＿＿あります。
   あ、ワンさんのですね。
3. A：ここは 涼しいですね。クーラーが ＿＿＿＿＿＿＿＿ありますね。
   B：でも、部屋の窓が ＿＿＿＿＿＿＿＿いますよ。閉めましょうか。
   A：そうですね。閉めたほうがいいですね。

> 書きます　開きます　入れます　落ちます　つけます　入ります

答案

【第1課】（P6～9）
（練習1）
もんだいⅠ：1 カメラ 2 コンピューター（パソコン） 3 ボールペン

もんだいⅡ：1 ア 2 エ 3 イ 4 ウ

もんだいⅢ：1 A：の B：の A：も B：は
2 A：か B：の

もんだいⅣ：1 これ 2 それ 3 あれ

もんだいⅤ：1 どなた 2 A：どれ B：あれ 3 なん 4 どちら 5 なんの
6 だれの

（練習2）
もんだいⅠ：1 これはカメラです。 2 それはしんぶんです。 3 あれはテレビです

もんだいⅡ：1 なん 2 どちら 3 おいくつ 4 なん 5 なん 6 なんの

もんだいⅢ：
1 A：スタットさんはかいしゃいんですか。B：はい、かいしゃいんです。
2 A：ビルさんはタイじんですか。B：いいえ、タイじんではありません。
3 A：みちこさんは16さいですか。B：いいえ、16さいではありません。

もんだいⅣ：
1 わたしはかいしゃいんではありません。
2 それはおちゃです。
3 なんのテキストですか。
4 そのけしゴムはだれのですか。
5 ワンさんのかばんはどれですか。

【第2課】（P10～13）
（練習1）
もんだいⅠ：1 あそこ 2 そこ 3 あそこ 4 どこ 5 そちら 6 こちら
7 こちら

もんだいⅡ：1 はち 2 ご 3 ろく
4 にじゅう 5 じゅうなな（しち〇）
6 ひゃく 7 さんびゃくよんじゅう
8 ろっぴゃくきゅう 9 はっぴゃくはちじゅうさん 10 よんひゃくきゅうじゅうに

もんだいⅢ：それ／あれ／ここ／あそこ／どこ／この／その／どの／そちら／あちら／どちら

もんだいⅣ：（の）（も）（の）（の）（の）（を）

（練習2）
もんだいⅠ：1 どちら 2 いくら 3 どこの 4 どちら 5 だれの 6 どこの
7 どちら 8 だれ 9 おいくつ 10 どちら

もんだいⅡ：1 b 2 a 3 c

もんだいⅢ：＊1は場所、名前どちらでも〇。

【第3課】（P14～17）
（練習1）
もんだいⅠ：
1 じゅうじにじゅっぷんです。
2 よじごじゅうよんぷんです。
3 いちじいっぷんです。
4 しちじななふんです。
5 くじにじゅうきゅうふんです。
6 さんじさんじゅうさんぷん
7 ごじよんじゅうごふん
8 ろくじごじゅうはっぷん
9 はちじじゅうろっぷん

もんだいⅡ：あさって―水曜日 きのう―日曜日 あした―火曜日 おととい―土曜日

もんだいⅢ：
あそびません／あそびました
やすみます／やすみません／やすみませんで

102

した
ねます/ねました/ねませんでした
べんきょうします/べんきょうしません/べんきょうしました

もんだいⅣ：
1　A：毎日勉強しますか。B：はい、勉強します。
2　A：きのう12時に寝ましたか。B：はい、寝ました。
3　A：おととい遊びましたか。B：いいえ、遊びませんでした。
4　A：あした9時から5時まではたらきますか。B：いいえ、はたらきません。

もんだいⅤ：
時：にじ/さんじ/よじ/ごじ/ろくじ　しちじ/はちじ/くじ/じゅうじ/じゅういちじ/じゅうにじ
分：にふん/さんぷん/よんぷん/ごふん/ろっぷん/ななふん/はっぷん/きゅうふん/じゅっぷん/じゅうごふん/よんじゅうごふん/なんぷん（なんふん○）

（練習2）
もんだいⅠ：1　×/に（から○）　2　から/まで　3　に/と　4　×/に/に　5　に/に

もんだいⅡ：1　ウ　2　カ　3　オ　4　エ　5　イ

もんだいⅢ：
1　9時から13時までです。（午前9時から午後1時まで○）
2　月曜日から木曜日までです。
3　9時から18時まで遊びます。（午前9時から午後6時まで○）
4　いいえ、そうじしません。
5　23時に寝ました。

もんだいⅣ：＊書くだけでなく実際に発話しましょう。

【第4課】（P18～21）
（練習1）
もんだいⅠ：
月：にがつ/さんがつ/しがつ/ごがつ/ろくがつ/しちがつ/はちがつ/くがつ/じゅうがつ/じゅういちがつ/じゅうにがつ
日：ついたち/ふつか/みっか/よっか/いつか/むいか/なのか/ようか/ここのか/とおか/じゅういちにち/じゅうににち/じゅうさんにち/じゅうよっか/じゅうしちにち/じゅうはちにち/じゅうくにち/はつか/にじゅういちにち/にじゅうよっか/にじゅうごにち/にじゅうはちにち/にじゅうくにち/さんじゅうにち/さんじゅういちにち/なんにち

もんだいⅡ：
1　A：えきへ行きますか。B：いいえ、行きません。
2　A：ここへ来ますか。B：いいえ、来ません。
3　A：国へ帰りますか。B：はい、帰ります。

もんだいⅢ：
1　ワンさんは飛行機で中国へ帰ります。
2　パクさんは毎朝バスで大学へ来ます。
3　わたしはあるいてスーパーへ行きます。
4　カルロスさんはお兄さんとブラジルへ帰ります。
5　山田先生はリーさんとわたしのうちへ来ました。

もんだいⅣ：1　いつ　2　だれ　3　なに　4　どこ

（練習2）
もんだいⅠ：1　×/と/へ　2　は/と/へ　3　×/で/へ　4　×/で/へ/で　5　と/へ/と　6　×/へ/×　7　と/へ/で

もんだいⅡ：
1　はは/じゅうにがつなのか
2　あに/じゅういちがつついたち
3　おとうと/はちがつはつか
4　いもうと/しちがつようか

もんだいⅢ：
1　A：いつ韓国へ帰りますか。B：来週帰ります。
2　A：いつタイへ行きましたか。B：先週行きました。
3　A：いつ日本へ来ましたか。B：去年来ました。

もんだいⅣ：＊書くだけでなく実際に発話しましょう。

【第5課】（P22～25）
（練習1）
もんだいⅠ：
1　A：雑誌を読みますか。B：はい、読みます。
2　A：テニスをしますか。B：いいえ、しません。
3　A：レポートを書きますか。B：はい、書きます。
4　A：本を買いますか。B：いいえ、買いません。

もんだいⅡ：

1 A：（を）しませんか。B：ええ、しましょう。
2 A：（を）見ませんか。B：ええ、見ましょう。
3 A：（を）食べませんか。B：ええ、食べましょう。
4 A：（を）聞きませんか。B：ええ、聞きましょう。

もんだいⅢ：
1 A：今晩何をしますか。B：手紙を書きます。
2 A：おとといに何をしましたか。B：サッカーをしました。
3 A：ゆうべ何をしましたか。B：テレビを見ました。
4 A：あしたの夜何をしますか。B：音楽を聞きます。

もんだいⅣ：1 はし 2 はさみ 3 図書館 4 スーパー 5 学校

（練習2）
もんだいⅠ：1 ×／で／を 2 ×／と／を 3 ×／で／と／を 4 ×／で

もんだいⅡ：
1 A：しませんか。B：しましょう。
2 A：見ませんか。B：ちょっと…。
3 A：勉強しませんか。B：いいですね、しましょう。

もんだいⅢ：
1 A：もうあの服を買いましたか。B：はい、もう買いました。
2 A：もう食事をしましたか。B：いいえ、まだです。
3 A：もうあのビデオを見ましたか。B：はい、もう見ました。
4 A：もう刺身を食べましたか。B：いいえ、まだです。
5 A：もうしゅくだいをしましたか。B：いいえ、まだです。
6 A：もう話を聞きましたか。B：はい、もう聞きました。

もんだいⅣ：＊書くだけでなく実際に発話しましょう。

復習テスト（1）（P26～29）
Ⅰ：1 と 2 へ 3 で 4 で 5 を 6 は 7 の／か／の／の

Ⅱ：1 しがつはつか 2 くじにじゅうろっぷん 3 じゅうじはん 4 せんはっぴゃくごえん

Ⅲ：1 A：その B：この 2 A：その B：これ 3 A：どこ B：あそこ 4 B：これ A：その 5 B：それ A：これ

Ⅳ：1 18さいです。 2 スタットさんです。 3 5月29日です。 4 CDを買います。 5 ジャパン電気です。

Ⅴ：
1 ワンさんは先週新宿へ行きました。
2 トムさんはきのう夜11時から朝8時まで寝ました。
3 わたしはあした中山さんとサッカーをします。
4 ポールさんは毎朝6時に起きます。
5 わたしは来月杉山さんといっしょに新宿公園でテニスをします。
6 わたしはおとといに先生と地下鉄で東京タワーへ行きました。

Ⅵ：1 見ました。 2 帰りません。 3 どこで買いましたか。 4 食べませんか。 5 終わりませんでした。

【第6課】（P30～33）
（練習1）
もんだいⅠ：
1 A：その本はおもしろいですか。B：はい、おもしろいです。
2 A：ワンさんは親切ですか。B：はい、親切です。
3 A：ゆうべの映画はよかったですか。B：いいえ、よくなかったです。
4 A：昨日キムさんはひまでしたか。B：いいえ、ひまではありませんでした。

もんだいⅡ：1 どんな 2 どう 3 どんな 4 どれ

もんだいⅢ：
1 新幹線は電車よりはやいです。
2 デパートはスーパーより大きいです。
3 MDはCDより小さいです。

もんだいⅣ：
1 かわいいです。そして頭がいいです。
2 やさしいです。そしてまじめです。
3 大きいです。そしてきれいです。
4 近いです。そして安いです。

もんだいⅤ：
1 難しいですがおもしろいです。
2 不便ですが安いです。
3 きれいですがせまいです。
4 便利ですが高いです。

（練習2）
もんだいⅠ：1 は／が 2 は／より／が
3 は 4 の／は 5 の／は

もんだいⅡ：1 少し 2 ぜんぜん 3 あまり 4 とても 5 とても

もんだいⅢ：
1 あれはおもしろい映画です。
2 カルロスさんは元気な人です。
3 京都は古い町です。
4 ジャパン電気は有名な会社です。

もんだいⅣ：1 高かったです。 2 すずしかったです。 3 有名ではありません。
4 静かではありません。

もんだいⅤ：＊書くだけでなく実際に発話しましょう。

【第7課】（P34～37）
（練習1）
もんだいⅠ：
1 A：野菜が好きですか。B：はい、好きです。
2 A：肉が嫌いですか。B：いいえ、嫌いではありません。
3 A：歌が上手ですか。B：はい、上手です。
4 A：水泳が上手ですか。B：いいえ、上手ではありません。

もんだいⅡ：
1 A：赤い服と青い服とどちらが好きですか。B：青い服のほうが好きです。
2 A：今月と来月とどちらがひまですか。B：今月のほうがひまです。
3 A：この箱とあの箱とどちらが重いですか。B：あの箱のほうが重いです。

もんだいⅢ：
1 なにが／にんじんが一番きらいです。
2 なにが／漢字が一番難しいです。
3 なにが／ピンポンが一番上手です。

もんだいⅣ：1 水泳のほうが楽しいです。
2 夏のほうが好きです。 3 カルロスさんが一番高いです。
もんだいⅤ：1 うさぎは耳が長いです。
2 キムさんはかみが黒いです。 3 東京は交通が便利です。

（練習2）
もんだいⅠ：1 が 2 と／と 3 は／が／では 4 で／が 5 は／が 6 は 7 は／が 8 より／が

もんだいⅡ：
1 いいえ、あまり好きではありません。
2 はい、だいたいわかります。
3 いいえ、ぜんぜんわかりません。
4 いいえ、あまり上手ではありません。

もんだいⅢ：1 エ 2 イ 3 ウ

もんだいⅣ：
1 秋は山がきれいです。
2 この店はパフェがおいしいです。
3 この雑誌は情報が多いです。

もんだいⅤ：＊書くだけでなく実際に発話しましょう。

【第8課】（P38～41）
（練習1）
もんだいⅠ：
1 ひとつ／いっさつ／ひとり／いっぴき／いちだい／いっぽん
2 ふたつ／にさつ／ふたり／にひき／にだい／にほん
3 みっつ／さんさつ／さんにん／さんびき／さんだい／さんぼん
4 よっつ／よんさつ／よにん／よんひき／よんだい／よんほん
5 いつつ／ごさつ／ごにん／ごひき／ごだい／ごほん
6 むっつ／ろくさつ／ろくにん／ろっぴき／ろくだい／ろっぽん
7 ななつ／ななさつ／なな（しち）にん／なな（しち）ひき／ななだい／ななほん
8 やっつ／はっさつ／はちにん／はっぴき／はちだい／はっぽん
9 ここのつ／きゅうさつ／きゅうにん／きゅうひき／きゅうだい／きゅうほん
10 とお／じゅっさつ／じゅうにん／じゅっぴき／じゅうだい／じゅっぽん ？ なんこ／なんさつ／なんにん／なんびき／なんだい／なんぼん

もんだいⅡ：1 どこ 2 なに 3 どこ 4 だれ 5 どのぐらい（どのくらい○）

もんだいⅢ：1 あります 2 います 3 います 4 います 5 あります

もんだいⅣ：1 した 2 よこ 3 うえ 4 なか 5 うしろ 6 あいだ

（練習2）
もんだいⅠ：1 の／に／が／× 2 は／に 3 で／を／× 4 は／で／を 5 と／の／に／が

もんだいⅡ：
1　うちから学校までどのぐらいかかりますか。
2　わたしは大阪に2か月います。（わたしは2か月大阪にいます。○）
3　コーヒーを1日に5杯ぐらい飲みます。（1日にコーヒーを5杯ぐらい飲みます。○）

もんだいⅢ：
1　なんだいありますか。→よんだいあります。
2　なんさつありますか。→はっさつあります。
3　なんぼんありますか。→じゅっぽんあります。
4　なんこありますか。→ろっこあります。
5　なんにんいますか。→きゅうにんいます。
6　なんびきいますか。→さんびきいます。

もんだいⅣ：1　用事があります。　2　お金がありません。　3　時間がありません。

もんだいⅤ：*書くだけでなく実際に発話しましょう。

【第9課】（P42～45）
（練習1）
もんだいⅠ：
1　A：車がほしいですか。B：はい、ほしいです。
2　A：携帯電話がほしいですか。B：はい、ほしいです。
3　A：自転車がほしいですか。B：いいえ、ほしくないです。

もんだいⅡ：
1　車の雑誌を読みたいです。
2　京都へ行きたいです。
3　パソコンを買いたいです。
4　お酒は飲みたくないです。
5　掃除はしたくないです。

もんだいⅢ：
1　歩きやすいです。
2　書きにくいです。
3　使いにくいです。
4　住みやすいです。

もんだいⅣ：
1　喫茶店へ紅茶を飲みに行きます。
2　日本へ日本語を勉強しに来ました。
3　図書館へ本を返しに行きました。
4　スーパーへアイスクリームを買いに来ました。
5　うちへご飯を食べに帰ります。

（練習2）
もんだいⅠ：1　にくい　2　にくい　3　やすい　4　やすい　5　やすい

もんだいⅡ：
1　あした遊園地へ遊びに行きます。
2　先週の土曜日学校へ先生に会いに来ました。
3　今度の日曜日デパートへCDを買いに行きます。
4　きのう昼休みにうちへ忘れ物を取りに帰りました。
5　来月国へ母に会いに帰ります。

もんだいⅢ：1　で/を　2　は/を　3　が/が　4　を/に　5　へ/を/に　6　へ/も　7　を

もんだいⅣ：*書くだけでなく実際に発話しましょう。

【第10課】（P46～49）
（練習1）
もんだいⅠ：1　言って　2　行って　3　書いて　4　泳いで　5　待って　6　死んで　7　呼んで　8　飲んで　9　帰って　10　見て　11　寝て　12　食べて　13　始めて　14　来て　15　勉強して

もんだいⅡ：1　聞いています。　2　寝ています。　3　歌っています。　4　乗っています。

もんだいⅢ：1　で　2　と　3　は/で　4　は/を

もんだいⅣ：
1　はい、住んでいます。
2　いいえ、教えていません。
3　はい、結婚しています。
4　いいえ、働いていません。
5　いいえ、知りません。

もんだいⅤ：（山田）（小林）（松本）（鈴木）（田中）（今井）

（練習2）
もんだいⅠ：
1　A：何を飲んでいますか。B：を飲んでいます。
2　A：何を着ていますか。B：を着ています。
3　A：何を飼っていますか。B：を飼っています。

もんだいⅡ：

1　本を読んでいます。
2　パクさんと話しています。
3　絵をかいています。
4　キムさんと話しています。
5　ケーキを食べています。

もんだいⅢ：
イルカが―泳いでいます。
飛行機が―飛んでいます。
ワンさんが―走っています。
桜が―咲いています。

もんだいⅣ：1　×　2　×/○

もんだいⅤ：＊書くだけでなく実際に発話しましょう。

復習テスト（2）　（P50～53）
Ⅰ：1　ひとり　2　にまい　3　さんぼん　4　よんこ（よっつ）　5　ごこ（いつつ）　6　ろっぴき　7　ななまい　8　はっぽん　9　きゅうだい　10　じゅっさつ

Ⅱ：1　の/か/の　2　に　3　が　4　が　5　を/に　6　に　7　が　8　は/の/が　9　から/まで　10　は/より　11　で/を　12　で/を

Ⅲ：1　テレビを見ています。　2　サッカーをしています。　3　ピアノを弾いています　4　写真を撮っています。

Ⅳ：1　とても　2　そして　3　が　4　よく　5　あまり　6　から

Ⅴ：
1　にぎやかでした。
2　ひまではありません。
3　静かです。
4　良かったです。
5　A：どちら　B：みかんのほうがやすいです。
6　A：で（の中で）、どれが一番　B：飛行機が
7　難しくなかったです。
8　元気ではありませんでした。

Ⅵ：
1　小林さんはぼうしをかぶっています。
2　鈴木さんはめがねをかけています。
3　山田さんはマスクをしています。

Ⅶ：1　使い　2　住んで　3　有名な　4　ほしくない　5　買いに　6　書いて

Ⅷ：1　（C）います　2　（A）あります　3　（E）います　4　（F）あります　5　（G）（D）あります　6　（D）います

【第11課】（P54～57）
（練習1）
もんだいⅠ：
1　せんたくをしてそうじをして散歩をしました。
2　おふろに入って薬を飲んで寝ました。
3　7時半に起きてごはんを食べて学校へ行きます。
4　シャワーを浴びて勉強して10時に寝ます。

もんだいⅡ：
1　つけてください。
2　飲んでください。
3　来てください。
4　貸してください。

もんだいⅢ：1　かわいくて　2　元気で　3　26歳で　4　まずくて　5　にぎやかで

もんだいⅣ：1　母で　2　ひまで　3　左で　4　寒くて　5　水で　6　日本ので　7　高くて　8　9月で

もんだいⅤ：
1　手を洗ってから
2　日本へ行ってから
3　テストが終わってから
4　水を入れてから
5　窓を閉めてから
6　名前を書いてから

（練習2）
もんだいⅠ：
1　A：何時に集まりますか。B：朝8時に集まってください。
2　A：どこに行きますか。B：事務所に行ってください。
3　A：いつレポートを出しますか。B：来週出してください。
4　A：何日練習しますか。B：3日練習してください。
5　A：何回薬を飲みますか。B：2回飲んでください。

もんだいⅡ：
1　父はコーヒーを飲みながら本を読みます。
2　私は歩きながら話します。
3　兄は地図を見ながら運転します。
4　妹は歌を歌いながら自転車に乗ります。
5　彼はアルバイトをしながら音楽の勉強をします。

もんだいⅢ：
1　このカメラは薄くて軽いです。

107

2　この部屋は広くて明るいです。
3　あのコンビニはきれいで便利です。
4　道子さんの彼氏はハンサムでやさしいです。
5　わたしの兄は背が高くて髪が茶色いです。

もんだいIV：
1　山へ行きます。
2　7時45分に学校を出ます。
3　池袋駅から小川町駅まで行きます。
4　25分ぐらい乗ります。
5　暖かい服を着ます。

【第12課】（P58～61）
（練習1）
もんだいI：1　働かない　2　着ない　3　手伝わない　4　練習しない　5　遅れない　6　集合しない　7　頼まない　8　急がない　9　終わらない　10　浴びない　11　貸さない　12　出ない　13　借りない　14　閉めない　15　来ない

もんだいII：
1　食べないでください。
2　出発しないでください。
3　撮らないでください。
4　置かないでください。

もんだいIII：
1　砂糖を入れないでコーヒーを飲みます。
2　お金を持たないで買いものに（デパートへ○）行きます。
3　ぼうしをかぶらないでうちを出ます。
4　電気をつけないで本を読みます。

もんだいIV：
1　A：いつにしますか。B：来月にします。
2　A：どこにしますか。B：池袋にします。
3　A：何にしますか。B：ビールにします。
4　A：だれにしますか。B：キムさんにします。

もんだいV：
1　ペンを使わないで
2　宿題をしないで
3　かぎをしめないで
4　よく調べないで
5　電車に乗らないで

もんだいVI：
1　レポートを出さなければなりません。
2　会議の準備をしなければなりません。
3　1日3回歯をみがかなければなりません。
4　朝5時に起きなければなりません。
5　10時まで事務所にいなければなりません。
6　今度の日曜日会社へ来なければなりません。

（練習2）
もんだいI：
1　電話をかけないでください。
2　たばこを吸わないでください。
3　空きカン（カン○／ゴミ○）を捨てないでください。

もんだいII：1　入れないで　2　入らないで　3　食べないで　4　見ないで

もんだいIII：
1　A：いつビルさんに会わなければなりませんか。B：あさって会わなければなりません。
2　A：何枚チケットを（チケットを何枚○）予約しなければなりませんか。B：5枚予約しなければなりません。

もんだいIV：肉料理／魚料理にします。　パン／ライスにします。　コーヒー／紅茶にします。ホット／アイスにします。

もんだいV：文中（　）：（も）　（に）　（に）
1　×　2　×　3　×　4　○　5　○

【第13課】（P62～65）
（練習1）
もんだいI：
1　ドアを閉めてもいいですか。
2　早く帰ってもいいですか。
3　ここで弁当を食べてもいいですか。
4　その部屋に入ってもいいですか。
5　あそこに荷物を置いてもいいですか。
6　毎日行ってもいいですか。

もんだいII：
1　窓を開けなくてもいいですか。
2　間に合わなくてもいいですか。
3　早く寝なくてもいいですか。
4　帽子をかぶらなくてもいいですか。
5　すぐに洗濯しなくてもいいですか。
6　水を全部飲まなくてもいいですか。

もんだいIII：
1　A：開けてもいいですか。B：はい、いいですよ。
2　A：さわってもいいですか。B：いいえ、さわらないでください。
3　A：食べなくてもいいですか。B：はい、いいですよ。

もんだいIV：
1　書いてはいけません。
2　騒いではいけません。
3　撮ってはいけません。
4　欠席してはいけません。

5　見てはいけません。
6　飲んではいけません。

もんだいⅤ：1　で/も　2　に/を　3　で　4　と/は　5　の/を

もんだいⅥ：
1　a：教室を出てもいいです。b：教室を出てもかまいません。
2　a：ギターを弾いてもいいです。b：ギターを弾いてもかまいません。
3　a：先生の家に泊まってもいいです。b：先生の家に泊まってもかまいません。
4　a：あした来なくてもいいです。b：あした来なくてもかまいません。
5　a：本を買わなくてもいいです。b：本を買わなくてもかまいません。

（練習2）
もんだいⅠ：
1　たばこを吸ってはいけません。
2　写真を撮ってはいけません。
3　入ってはいけません。
4　さわってはいけません。

もんだいⅡ：
1　A：書かなくてもいいですか。B：はい、書かなくてもいいです。
2　A：着なくてもいいですか。B：いいえ、着なければなりません。
3　A：こなくてもいいですか。B：いいえ、こなければなりません。

もんだいⅢ：
1　なべに塩を入れてもいいですか。
2　この道を通ってはいけません。
3　机の下に　何も置かないでください。

もんだいⅣ：1　ウ　2　エ　3　イ　4　オ

もんだいⅤ：
1　いいえ、入ってもいいです。（かまいません〇）
2　いいえ、とちゅうで帰ってもいいです。（かまいません〇）
3　いいえ、吸ってはいけません。

もんだいⅥ：＊書くだけでなく実際に発話しましょう。

【第14課】（P66～69）
（練習1）
もんだいⅠ：
1　a：キムさんはスタットさんにネクタイをあげました。b：スタットさんはキムさんにネクタイをもらいました。
2　a：スタットさんはビルさんにCDをあげました。b：ビルさんはスタットさんにCDをもらいました。
3　a：ビルさんはカルロスさんにリンゴをあげました。b：カルロスさんはビルさんにリンゴをもらいました。

もんだいⅡ：1　くれました　2　もらいました　3　くれました

もんだいⅢ：
1　わたしは彼の部屋を掃除してあげました。
2　父は彼の車を直してあげました。
3　わたしは弟のかばんを持ってあげました。

もんだいⅣ：
1　CDをくれました。
2　パソコンをくれました。
3　日本語を教えてくれました。

もんだいⅤ：1　に　2　が　3　に/を　4　の/を

もんだいⅥ：
1　パクさんはカルロスさんに国の写真を見せてもらいました。
2　道子さんはパクさんに歌の先生を紹介してもらいました。

（練習2）
もんだいⅠ：
1
A：道子さんはだれにマフラーをあげましたか。
B：道子さんはパクさんにマフラーをあげました。
2
A：カルロスさんはだれにストラップをもらいましたか。
B：カルロスさんはパクさんにストラップをもらいました。
3
A：カルロスさんはだれにプレゼントをあげましたか。
B：カルロスさんはスタットさんにプレゼントをあげました。
A：スタットさんはだれにプレゼントをもらいましたか。
B：スタットさんはカルロスさんにプレゼントをもらいました。

もんだいⅡ：
1　わたしはみどりさんにサンドイッチの作り方を教えてもらいました。
2　わたしは区役所から外国人登録証をもらいました。

3　田中さんはうちの息子におもちゃを買ってくれました。

もんだいⅢ：
1　a：もらいました　b：もらいました　c：くれました　d：くれました　e：くれました　f：くれました　g：くれました　h：あげました
2
（1）小さなレストランで結婚パーティーをしました。
（2）友だちのお兄さんに靴を借りました。
（3）おもしろい話をしました。
（4）ピアノを弾きました。
（5）ワインでした。
（6）クッキーをもらいました。

もんだいⅣ：＊書くだけでなく実際に発話しましょう。

【第15課】（P70～73）
（練習1）
もんだいⅠ：1　怒る　2　貸す　3　手伝う　4　洗う　5　出る　6　集合する　7　入れる　8　通す　9　出発する　10　教える　11　頼む　12　急ぐ　13　覚える

もんだいⅡ：
1　軽くなりました。
2　顔が赤くなりました。
3　元気になりました。
4　静かになりました。
5　きれいになりました。
6　医者になりました。
7　社長になりました。
8　髪が長くなりました。
9　悲しくなりました。
10　上手になりました。

もんだいⅢ：
ア
1　おかしを作ることです。
2　サッカーをすることです。
3　おいしいものを食べます。
イ
1　学校の先生になることです。
2　大きい車を買うことです。
3　自分の店を持つことです。
4　アメリカへ行くことです。

もんだいⅣ：
1　A：パソコンを使うことができますか。B：はい、できます。
2　A：インターネットで　切符を買うことができますか。B：いいえ、できません。
3　A：ここで両替をすることができますか。B：はい、できます。

もんだいⅤ：
1　あの角を曲がると、うちがあります。
2　このレバーを回すと、ドアが開きます。
3　このカードを見せると、入ることができます。
4　毎日復習しないと、忘れます。

もんだいⅥ：＊書くだけでなく実際に発話しましょう。

（練習2）
もんだいⅠ：1　を　2　を　3　を／と　4　を／に　5　を　6　を／に　7　で／を／に　8　を／に　9　の／に／に／へ　10　の／で　11　が（に○）

もんだいⅡ：
1　新しいうちに引越します―便利です。　新しいうちに引越すと便利になります。
2　たくさん歩きます―足が痛いです。　たくさん歩くと、足が痛くなります。
3　洗濯をしません―タオルがありません。　洗濯をしないとタオルがなくなります。
4　友だちがいます―楽しいです。　友だちがいると、楽しくなります。
5　寒くなります―風邪の人が多いです。　寒くなると風邪の人が多くなります。

もんだいⅢ：
1　コンビニでお金をおろすことができます。
2　もう12時になりました。
3　わたしの夢は会社を作ることです。

もんだいⅣ：
1　スキーをすることです。
2　スキー場へ行って練習をします。
3　元気になってたくさん練習することができます。
4　次の大会で優勝するとオリンピックに出ることができます。

復習テスト（3）　（P74～77）
Ⅰ：1　を　2　に／を　3　に／を　4　の／に／を　5　×／に（の）／に　6　の／を／に　7　に　8　に／を　9　に　10　に　11　を　12　に　13　を　14　×／に

Ⅱ：1　b／b　2　c　3　a　4　c　5　c　6　c／b　7　d　8　b　9　c　10　b　11　d　12　b

Ⅲ：
1　歯をみがいてから顔を洗います。

2　きのう宿題をしないで学校へ行きました。
3　あの店は料理がおいしくて店員が親切です。
4　ボタンを押さないと動きませんよ。
5　毎年春になるといつも桜の花が咲きます。
6　辞書を使わないで作文を書いてください。
7　こちらは母であちらはおばです。

Ⅳ：
1　ワンさんはリーさんに花をもらいました。
2　ワンさんは私に料理を作ってくれました。
3　エミさんはキムさんに韓国語を教えてもらいました。
4　わたしはキムさんの部屋を掃除してあげました。
5　リーさんは大学からしょう学金をもらいました。

Ⅴ：1　ク　2　オ　3　イ　4　キ

【第16課】（P78〜81）
（練習1）
もんだいⅠ：1　逃げた　2　おどろいた　3　返した　4　洗った　5　みがいた　6　慣れた　7　集めた　8　寝た　9　復習した　10　結婚した　11　来た

もんだいⅡ：
1　なっとうを食べたことがあります。
2　着物を着たことがあります。
3　相撲を見たことがあります。
4　新幹線に乗ったことがあります。

もんだいⅢ：
1　勉強したり、テレビを見たりしました。
2　買い物したり、犬と散歩したりしています。
3　歌舞伎を見たり、すしを食べたりしたいです。
4　掃除したり、洗濯したりしなければなりません。

もんだいⅣ：
1　時計が止まったまま、動きません。
2　帽子をかぶったまま、教室に入らないでください。
3　いすに座ったまま、寝ています。
4　ここにゴミを置いたまま、帰らないでください。
5　ボールを持ったまま、歩かないでください。

もんだいⅤ：
1　部屋を片付けたあとで、電話をかけます。
2　食事のあとで、アイスクリームを食べます。
3　掃除をしたあとで、出かけます。
4　ジュースを飲んだあとでコップを洗います。
5　授業のあとでコンサートに行きます。
6　テストが終わったあとで、漢字の読み方を思い出しました。

（練習2）
もんだいⅠ：行って／行かない／行く／来た／こない／くる／書いて／書いた／書く／閉めた／閉めない／閉める／食事して／食事した／食事しない／

もんだいⅡ：1　吸ったり／飲んだり　2　食べない　3　履いた／入ら　4　見た　5　A：行った　B：撮った／買った

もんだいⅢ：
1　A：花火を見たことがありますか。　B：はい、あります。
2　A：動物園へ行ったことがありますか。B：いいえ、ありません。

もんだいⅣ：
1　わたしは馬に乗ったことがあります。
2　電気をつけたまま帰らないでください。
3　週末はピアノを弾いたり、ケーキを焼いたりします。（ケーキを焼いたりピアノを弾いたりします。○）

もんだいⅤ：文中（　）：（で）（で）（で）（に）（に）
1　日本の大学に行きたいです。
2　パクさん
3　公園でサッカーをしたりジムでトレーニングをしたりします。

もんだいⅥ：*書くだけでなく実際に発話しましょう。

【第17課】（P82〜85）
（練習1）
もんだいⅠ：
1　日本語の勉強を続ける。
2　もう切符を買った。
3　ワンさんはまだ来ない。
4　わたしは何も知らない。
5　このチョコレートは甘い。
6　あの映画は面白かった。
7　外は寒くない。
8　この荷物は重くなかった。
9　ワンさんはハンサムだ。
10　お寺は静かだった。
11　ここは危険ではない。（じゃない。○）
12　パーティーはにぎやかではなかった。（じゃなかった。○）

13　きょうは雨だ。
14　これはお酒ではない。（じゃない。○）
15　先週はずっとくもりだった。
16　これは難しいテストではなかった。（じゃなかった。○）
17　花火を見に行きたい。
18　週末は部屋を掃除したり、料理をしたりする。
19　テーブルの上のおかしを食べてもいい？
20　わたしは母を手伝わなければならなかった。

もんだいⅡ：
1　道子さんは今夜はご飯を食べに行くと言いました。
2　ワンさんは休みの日はゆっくり寝たいと言いました。
3　カルロスさんはもっとダンスの練習をしなければならないと言いました。

もんだいⅢ：
1　彼は約束を守ると思います。
2　今井さんはもう引越したと思います。
3　道子さんは歌が上手だと思います。
4　ここは１０年前は病院だったと思います。
5　道子さんはとてもきれいだと思います。

もんだいⅣ：
1　来週桜が咲くでしょう。／来週桜が咲くだろう。
2　きっと大丈夫でしょう。／きっと大丈夫だろう。
3　今晩は星が美しいでしょう。／今晩は星が美しいだろう。

（練習２）
もんだいⅠ：
1　A：夏休み、国へ帰る？B：うん、帰る。
2　A：林さんを知っている？B：ううん、知らない。
3　A：あなたの部屋は広い？B：ううん、広くない。
4　A：日本の生活は大変？B：ううん、大変ではない。（じゃない。○）
5　A：あなたは学生？B：うん、学生。

もんだいⅡ：
1　パクさんは寒いから雪が降るだろうと言いました。
2　スタットさんはあしたの会議は長い時間がかかるだろうと言いました。
3　キムさんのお姉さんは妹もいっしょに、パーティーに行くだろうと言いました。
4　田中さんはワンさんは一生懸命勉強しているから大丈夫だろうと言いました。
5　カルロスさんはあしたはサッカーの試合があるだろうと言いました。

6　リーさんはそのゲームは人気があるからもう売っていないだろうと言いました。

もんだいⅢ：1 ×　2 ×　3 ○　4 ×　5 ×　6 ○

もんだいⅣ：＊書くだけでなく実際に発話しましょう。

【第１８課】（Ｐ８６〜８９）
（練習１）
もんだいⅠ：
1　食事をしている人はワンさんです。
2　お酒（ビール）を飲んでいる人はスタットさんです。
3　ビルさんと話をしている人はカルロスさんです。
4　カルロスさんと話をしている人はビルさんです。
5　お皿を持っている人はキムさんです。
6　電話をしている（かけている）人は道子さんです。

もんだいⅡ：
1　わたしが好きな映画です。
2　わたしが働いている会社です。
3　ソウルで買ったおみやげです。

もんだいⅢ：1 {に} 登る （を）　2 {を} 出る （を）　3 {に} 質問する （を）

もんだいⅣ：
1　もう遅いから、早く帰ったほうがいいです。
2　この水はきたないから、飲まないほうがいいです。
3　これは高いから、買わないほうがいいです。
4　あそこにインフォメーションがあるから、最初に行ったほうがいいです。

もんだいⅤ：
1　デパートへ行ったとき
2　ジュースを飲むとき
3　ビルさんに会ったとき
4　お酒を飲んだとき
5　うちへ帰ったとき
6　パソコンが動かないとき
7　桜を見に行ったとき
8　手紙が来ないとき
9　よくわからなかったとき
10　忘れ物を思い出したとき

（練習２）
もんだいⅠ：
1　危ないから、泳いではいけません。

2　時間があるから、急がなくてもかまいません。
3　サッカーの試合があるから、早く帰ります。

もんだいⅡ：
1　チケットをもっていない人はあちらで買ってください。
2　日曜日に友だちと食事をする約束をしました。
3　わたしの姉が住んでいるところは神戸です。

もんだいⅢ：1　行った　2　行く　3　帰る

もんだいⅣ：1　ひまなとき　2　暗いとき　3　入学式のとき　4　会議のとき　5　頭が痛いとき

もんだいⅤ：3

もんだいⅥ：＊書くだけでなく実際に発話しましょう。

【第19課】（P90～93）
（練習1）
もんだいⅠ：
1　ニュースを見ました。―その事件を知りました。　ニュースを見てその事件を知りました。
2　雪が降りました。―すべりやすくなりました。　雪が降ってすべりやすくなりました。
3　友達が来ました。―たくさん遊びました。　友達が来てたくさん遊びました。
4　頭が痛いです。―薬を飲みました。　頭が痛くて薬を飲みました。
5　問題集を買いました。―自分で勉強しました。　問題集を買って自分で勉強しました。

もんだいⅡ：1　あったら　2　よかったら　3　卒業したら　4　おいしくなかったら　5　ひまだったら　6　勝ったら　7　終わったら

もんだいⅢ：1　走っても　2　台風でも　3　あっても　4　着ても　5　下手でも　6　掃除しても

もんだいⅣ：
1　A：急いだら間に合いますか。B：急いでも間に合いません。
2　A：雨だったら休みますか。B：雨でも休みません。
3　A：時間があったら映画を見ますか。B：時間があっても映画を見ません。
4　A：今井さんに聞いたらわかりますか。B：今井さんに聞いてもわかりません。
5　A：元気だったら出かけますか。B：元気でも出かけません。
6　A：高かったら買いませんか。B：高くても買います。

（練習2）
もんだいⅠ：
1　熱が出て、病院へ行きました。
2　ドラマを見て、英語を勉強しました。
3　ジョギングをして、足が痛くなりました。

もんだいⅡ：
1　量も多いし、時間も長いから
2　見やすいし、わかりやすいから
3　雑誌も読むことができるし、ネットもすることができるから

もんだいⅢ：1　降っても　2　わかったら　3　走らなくても

もんだいⅣ：2

もんだいⅤ：＊書くだけでなく実際に発話しましょう。

【第20課】（P94～97）
（練習1）
もんだいⅠ：
1　火がつきます。火がついています。
2　車が止まります。車が止まっています。
3　皿が割れます。皿が割れています。

もんだいⅡ：
1　電気を消します。電気が消してあります。
2　服を乾かします。服が乾かしてあります。
3　ドアを閉めます。ドアが閉めてあります。
4　ひもを切ります。ひもが切ってあります。

もんだいⅢ：
1　ドアのかぎがかかっています。
2　電気がついています。
3　かさがこわれています。
4　まどが開いています。

もんだいⅣ：1　あります　2　います　3　あります　4　ある　5　いる　6　あります　7　いません　8　あります

もんだいⅤ：1　きれいにします　2　小さくします　3　よくします　4　静かにします　5　早くします　6　暗くします　7　大切にします　8　難しくします　9　まじめにします

もんだいⅥ：1　静かに　2　起きる時間を早

く　3　教室をきれいに　4　ラジオの音を小さく　5　音をよく　6　試験を簡単に（やさしく○）　7　字を大きく

（練習2）
もんだいⅠ：1　が　2　を　3　を　4　が／が　5　が　6　を

もんだいⅡ：
1　決めてあります。
2　もう戻してあります。
3　作ってあるよ（あるわよ○）。

もんだいⅢ：
1　開けてあります。
2　汚れています。
3　置いてあります。
4　続いています。

もんだいⅣ：
1　ついています
2　落ちています
3　閉まっています
4　かわいています
5　こわれています

もんだいⅤ：
1（1）始めました。（2）始まります。（3）始まる　（4）ありました。（5）いました。
2　アルバムを入れました。（中学生のときのアルバム○）

もんだいⅥ：＊書くだけでなく実際に発話しましょう。

復習テスト（4）　（P98～101）
Ⅰ：1　で　2　が　3　を　4　に／に　5　は／に／を　6　と　7　を

Ⅱ：
1　彼は親切だし、頭もいいし、すてきな人です。
2　キムさんはあした仕事があると言いました。
3　これは去年大阪で撮った写真です。
4　わたしはパクさんにもらったワインを飲みました。
5　東京ドームへ友だちと野球を見に行きました。
6　あそこに大きいかばんを持っている女の人がいます。

Ⅲ：1　登った　2　有名だ　3　かけて　4　帰る　5　いい　6　好きだ　7　勉強した　8　きれいに

Ⅳ：1　c　2　b　3　d　4　a　5　c

Ⅴ：1　だれと　2　だれか／だれが　3　どのぐらい　4　どこの　5　どちらが　6　いつ　7　なにも

Ⅵ：1　風邪をひいて　2　電気をつけたまま　3　食事のあとで　4　来る　5　高かったら　6　行った　7　休みのとき　8　あっても　9　飲みながら　10　いれると

Ⅶ：1　たぶん　2　すぐに　3　だんだん　4　さっき

Ⅷ：1　入れて／入って　2　落ちて／書いて　3　つけて／開いて